바울 (크리스트교를 세계화하다)

크리스트교를 박해하던 바울이 회심한 뒤 온갖 고난을 무릅쓰고
지중해 세계로 크리스트교를 전파하는 선교 여행 이야기

마케도
니아

바울의 제1, 2, 3차 선교 여행

안티오키아

시
리
아

지 중 해

예루살렘

[바울] 주요 연표

CE		
	· 5년?	킬리키아 타르소스에서 바울 출생
	· 34년	스데반 순교
	· 46년~48년	제1차 선교 여행, 바나바·바울·마가·디도 동행
	· 49년	예루살렘 총회 개최, 안티오키아에서 바울 「갈라디아서」 집필
	· 50년~52년	제2차 선교 여행
	· 51년	필리피 교회 개척, 코린트에서 「데살로니가전서」 집필
	· 53년~57년	제3차 선교 여행
	· 56년	에페소스에서 「고린도전서」, 마케도니아에서 「고린도후서」 집필
	· 57년	코린트에서 「로마서」 집필
	· 61년	옥중서신 「골로새서」「에베소서」「빌립보서」「빌레몬서」 집필
	· 62년	로마에서 누가 「누가복음」 집필
	· 66년	바울 「디모데후서」 집필
	· 67/8년?	바울 순교

바울

Thinking Power Series - World History Collection 11
Paul the Apostle
: From a Persecuter to Martyr to Christianity

Written by Kim Deog-su.
Published by Sallim Publishing, 2018.

제4차 산업혁명 세대를 위한
생각하는 힘 세계사컬렉션 **11**

크리스트교를 세계화하다

바울

김덕수 지음

살림

| 일러두기 |

1. 본문에서 지명은 대부분 헬라어 등 원어를 음역해 표기했다. 다만, 인용된 성경 구절에서 지명은 그대로 성경식 표현(개역개정판 『성경』)을 사용했다.

2. 인명은 본문과 인용된 성경 구절 모두 성경식 표현(개역개정판 『성경』)을 사용했다. 단, 카이사르 등 예외인 경우도 있다.

3. 본문에서 기독교, 그리스도교 등은 '크리스트교'로 통일하고, 기독교인, 기독교도, 그리스도인, 그리스도교도 등은 '크리스트교도'로 통일했다. 단, '예수 그리스도'처럼 메시아 예수를 가리킬 때는 '그리스도'로 표현했다.

4. 글자가 굵은 부분은 저자가 강조하는 내용이다.

바울, 지중해 세계를 크리스트교화하다

1990년대 초반부터 대학에서 로마사를 공부하고 가르치기 시작한 나는 국내든 해외든 답사 다니는 것을 좋아한다. 백문이 불여일견! 책에서 글로만 읽던 역사의 현장을 직접 눈으로 보고 만져봐야 해당 시대를 더 잘 이해할 수 있다고 생각하기 때문이다.

2003년 처음 아테네를 방문했을 때 아테네 한복판에 우뚝 솟은 바위 언덕 아크로폴리스와 파르테논 신전은 오래도록 강한 인상을 남겼다. 기원전 5세기 초 페르시아의 침입을 막아낸 뒤 아테네 수호신 아테나를 기념하기 위해 페리클레스의 주도로 아크로폴리스 언덕에 파르테논 신전이 건립되었다. 파르테논 신전은 헬라 문명의 상징으로 귀한 대접을 받고 있으며, 1987년에 세계문화유산에 등재된 뒤부터 더욱 더 많은 사람의 사랑을 받고 있다.

아크로폴리스에서 내려와 아고라로 향하다가 마주치게 되는 작은 바위 언덕 아레오파고스는 아크로폴리스와 다른 인상을 준다. 아레오파고스 언덕 입구 오른쪽에 바울이 제2차 선교 여행 도중 이곳에서 행한 연설 내용(「사도행전」 17:16-34)이 비문으로 새겨져 있기 때문이다.

아레오파고스 언덕 바로 아래에는 아테네 민주정치의 발상지인 아고라가 있다. 공공건물과 공공시설은 다 파괴되고 건물의 기초가 되었던 돌덩이와 기둥 조각이 여기저기 나뒹굴고 있지만, 한때 그곳에서 민주정치를 발전시킨 아테네인의 모습을 상상해볼 수 있다. 그리고 아고라 광장에는 바울의 흔적도 남아 있다. 아고라 광장에서 바울은 스토아 철학자나 에피쿠로스 철학자와 토론했고, 10세기에 세워진 성 사도들의 교회(Church of the Holy Apostles)가 오늘날까지 남아 있다.

아테네 시내에 있는 국립 아테네 대학 본관 1층 건물에는 아테네에서 활동하면서 헬라 문명을 만든 여러 철학자, 시인, 역사가의 프레스코화가 걸려 있는데, 비헬라인 가운에 유일하게 바

- **국립 아테네 대학 본관의 프레스코화 벽화**

  국립 아테네 대학 본관 1층에는 아테네에서 활동한 그리스의 여러 철학자, 시인, 역사가의 프레스코화가
  걸려 있다. 그중 바울은 유일하게 비헬라인인데, 그만큼 바울이 헬라 문명에 기여한 업적이 크다는 사실
  을 알 수 있다. 위쪽은 소크라테스와 페이디아스의 모습을 그린 그림이고, 아래쪽은 바울이 복음을 전하
  는 모습을 묘사한 그림이다.

울의 모습이 마지막에 그려져 있다. 일당백의 구도랄까. 이는 바울이 헬라 문명에 기여한 업적에 대한 평가라 할 수 있다.

서양 문명은 두 가지의 큰 흐름이 있다. 그리스 아테네에서 시작해 지중해 세계로 펼쳐진 헬라-로마 문명과 예루살렘에서 시작해 역시 지중해 세계로 뻗어나간, 유일신 사상을 바탕으로 하는 헤브라이즘-크리스트교가 그것이다. 특히 동부 지중해 끝에 있던 유대 왕국에서 시작된 크리스트교는 처음에는 유대인에게, 나중에는 헬라·로마인에게 많은 탄압을 받았다. 하지만 4세기 초 밀라노 칙령으로 공인을 받았고, 4세기 말에는 로마제국의 유일한 국교로 선포되었다. 그 뒤 크리스트교는 중세와 근대를 거쳐 오늘날까지 서양의 대표적 종교로 자리잡았다.

다신교를 기반으로 한 헬라 문화와 헬레니즘 문명에 관해서는 학교에서 비교적 중요하게 가르치고 있다. 반면 유일신 사상에 토대로 둔 헤브라이즘과 크리스트교는 그렇지 않다. 이것이 우리 교육의 현실이다. 사실 4세기 말부터 오늘날에 이르기까지 서양 문명의 핵심에는 늘 크리스트교가 자리하고 있다. 유럽-아메리카 대륙은 어디를 가나 가톨릭 성당, 개신교 교회, 정교회 성당을 만날 수 있다. 그렇다면 다신교 전통의 헬라·로마 세계가 어떻게 유일신 전통의 크리스트교 세계로 바뀌었는지를 아는 것은 서양 문명을 이해하는 데 매우 중요한 일이다. 그리고 이러한 서양의 문명사적 변화에 크게 기여한 인물이 바로 바울이다.

바울, 지중해 세계를 오가며 역사를 만들다

바울은 처음에 예수 믿는 사람들을 박해하는 데 앞장섰던 인물이다. 그러나 예수 믿는 사람들을 잡으러 다마스코스(다메섹)로 가다가 예수의 음성을 듣고 인생이 완전히 변했다. 그는 온갖 반대와 박해를 무릅쓰고 예수 복음을 전하다가 결국 로마에서 순교했다. 나는 이처럼 극적인 인생을 살다 간 바울의 생애를 추적해 독자 여러분에게 알리고 싶었다.

이 책은 『신약성경』 가운데 「사도행전」과 바울 서신들을 근거로 바울이 크리스트교를 전파하는 과정을 이야기한다. 앞서 말했듯이 바울이 크리스트교의 역사, 나아가 세계사에 끼친 영향은 지대하다. 하지만 중등 교육 현장의 세계사 교과서에는 바울에 관한 내용은 물론이고, 그가 가지는 역사적 의미도 거의 언급되지 않는다. 교회나 성당에 다니는 학생은 그나마 바울의 이름을 자주 들었을 것이다. 하지만 예수처럼 바울도 역사적 인물이고 그의 선교 활동이 실제 일어난 역사적 사건이라고 생각하는 사람은 그리 많지 않다.

나는 이 중요한 역사적 사건을 학교에서 배울 기회가 없는 학생, 바울의 선교 활동에 관심이 있는 크리스트교인, 바울이 크리스트교 역사와 서양 문명에 끼친 영향을 알고 싶어 하는 성인 독자를 염두에 두었다. 무엇보다 역사 속의 바울, '역사를 만든' 바울을 알리고자 이 책을 썼다. 이제 2,000년을 거슬러 올라가, 크리스트교의 박해자에서 순교자가 되기까지 오직 예수의 가르침에 충실했던 바울의 여정을 함께 따라가보자.

2018년 8월

김덕수

• 차례 •

제3장 바울의 회심과 아시아 선교

제4장 아시아에서 유럽으로 건너간 복음

제5장 바울의 로마행, 마지막 선교 활동과 유산

바울이 크리스트교를 지중해 세계로 전파하는 데 '일등 공신'이라는 말에 반대할 사람은 없을 것이다. 그러나 바울은 처음에 크리스트교를 탄압하는 데 앞장섰다는 점도 기억해야 한다. 그는 소아시아 남동해안 지역에 있던 타르소스에서 태어났다. 태어나면서부터 그는 로마 시민이었다. 젊은 시절에는 예루살렘으로 가서 당시 석학인 가말리엘의 제자가 되어 엄격한 유대식 교육을 받았고, 유대교에 대한 믿음이 누구보다 강했다.

유대교는 하나님이 천지 만물을 만들었고, 여러 민족 가운데 유대인만 특별히 선택했으며, 유대 왕국이 신바빌로니아에 멸망한 뒤 메시아를 보내 이스라엘을 회복한다고 믿는 유대인의 민족종교였다. 제1장에서는 크리스트교로 개종하기 전 바울의 생애와 함께 유대교의 특징을 알아보자.

제1장

크리스트교의 반대자 바울의 초기 생애

01

속주 출신 로마 시민

바울의 원래 이름은 이스라엘 초대 왕과 동명인 '사울'이었고, 그 왕과 마찬가지로 베냐민 부족 출신이었다. 베냐민 부족은 이스라엘 열두 부족 가운데 가장 작은 부족이었다. 하지만 가나안 땅에 정착한 이스라엘 백성이 왕을 구했을 때 하나님은 사울을 이스라엘 초대 왕으로 세우도록 했다. 그래서 사울의 이름 뜻은 '구하여 얻은 자'이다. 사울은 소년 시절에 용모가 준수했고, 부지런하고 성실하게 아버지의 양을 돌보는 청년이었다. 사울은 왕이 되기 전까지는 매우 겸손했다.

그러나 왕이 된 뒤에는 자기가 최고라 생각하며 교만해졌다.

하나님의 말씀을 어기기도 했고, 제사장의 권한을 무시하며 제사를 직접 지내다가 선지자 사무엘에게 꾸지람을 받았다. 또 사위인 다윗이 백성의 영웅으로 떠오르자 시샘하며 여러 차례 암살하려 했다. 사울은 결국 길보아 전투에서 블레셋 군대에 패하고 자살함으로써 비참한 최후를 맞았다. 왕위는 마침내 다윗에게 넘어갔다. 사울은 시작은 좋았지만 끝이 나빴다.

바울은 사울 왕과는 정반대의 삶을 살았다. 크리스트교의 박해자로 청년기를 시작했다가 회심하고 복음 전도자, 나아가 순교자가 됨으로써 크리스트교도의 모범이 되었기 때문이다.

사울이 처음으로 '작은 자'라는 뜻의 '바울'로 불리기 시작한 것은 안티오키아(안디옥) 교회에서 바나바와 함께 파견되어 첫 번째 선교지 키프로스(구브로)에 도착했을 때였다. 키프로스 속주 총독 서기오 바울을 가까이서 보좌하는 마술사 엘루마는 바울이 총독에게 예수 복음을 전하는 것을 방해했다. 그러자 "바울이라고 하는 사울이 성령이 충만하여 그를 주목하고" 그를 엄하게 꾸짖고 그의 눈을 멀게 했다(「사도행전」 13:9-11).

바울의 고향 킬리키아의 타르소스

바울은 기원후 5년경 터키 동남부 해안가에 위치한 로마 속주

- **바울 당시 지중해 세계**
  바울은 기원후 1세기에 활동했다. 지도는 기원후 1세기 당시의 지중해 세계를 나타내고 있다.

킬리키아(길리기아)의 중심 도시 타르소스(다소)에서 태어났다. 소아시아 동남쪽에 위치한 타르소스는 키두누스강을 끼고 발달한 비옥한 옥토 때문에 농업 생산력이 뛰어났다.

타르소스는 또한 시리아(수리아)에서 소아시아를 거쳐 그리스와 로마로 이어지는 교통로에 위치했다. 기원전 2000년경에 그곳에 이미 성채 도시가 생겨났다. 그 뒤 여러 민족이 입지가 좋은 이 지역을 차지하기 위해 서로 다투었다. 헬레니즘 시대 이후로

동서 문명의 교류가 활발할 때 킬리키아는 시리아에서 소아시아로 가는 길목에 있어 경제적 번영을 누렸다.

기원전 1세기 중반에 타르소스는 로마의 지배하에 들어갔다. 기원전 41년에는 로마 장군 안토니우스가 이집트(애굽) 여왕 클레오파트라와 이곳에서 겨울을 함께 보내며 동지중해 세계의 세력 재편을 논의하기도 했다.

바울은 자기 고향 타르소스에 대한 자부심이 컸다. 제3차 선교 여행을 마치고 예루살렘에 올라갔다가 그에게 반대하는 유대인들에게 뭇매를 맞으며 큰 소동이 일어났다. 당시 출동한 로마 군대에 의해 가까스로 구출되었을 때 로마 군대의 천부장(1,000명의 병사를 통솔하는 지휘관)은 바울의 정체가 궁금했다.

"그러면 네가 이전에 소요를 일으켜 자객 사천 명을 거느리고 광야로 가던 애굽인(이집트인)이 아니냐." 바울이 이르되 "나는 유대인이다. 소읍이 아닌 길리기아(킬리키아)의 다소(타르소스)의 시민이다."

「사도행전」 21:38-39

여기서 바울이 '소읍'이 아닌 킬리키아의 타르소스 시민이라

• **바울의 문**

타르소스에는 바울과 관련된 유적으로 '바울의 문'이 남아 있다. 클레오파트라가 안토니우스를 만나러 이 문으로 들어왔다고 해서 지금은 '클레오파트라의 문'으로 더 잘 알려져 있다.

고 주장한 것을 보면, 그 도시가 동지중해 세계에서 누구나 인정하는 대도시였음을 알 수 있다. 하지만 옛 타르소스의 명성은 역사 속으로 사라지고 지금은 터키의 지방 소도시 중 하나에 지나지 않는다. 이슬람 국가인 터키가 바울이 크리스트교에 끼친 공로의 흔적을 의도적으로 지우려고 그랬는지, 아니면 바울의 고향이라는 사실 자체를 몰라서 그랬는지, 오늘날에는 타르소스에서 바울의 행적을 찾기가 쉽지 않다. 바울과 관련된 유적으로는 '바울의 우물' '바울의 문' 정도가 남아 있다. 그마저도 '바울의 문'은 클레오파트라가 안토니우스를 만나러 들어왔다 하여 '클레오파트라의 문'으로 알려져 있다.

『신약성경』에도 바울의 고향 타르소스에 대한 정보가 거의 없다. 다만 바울이 회심한 뒤 고향 타르소스에서 머물렀는데, 바나바가 그를 데리러 와서 안티오키아 교회의 지도자로 삼았다는 사실, 그리고 제2차 선교 여행의 첫 방문지가 타르소스였다는 사실 정도만 언급되고 있다.

'나면서부터' 로마 시민인 바울

바울에 관해 말할 때 주목해야 할 점은 그가 당시 많은 사람이 부러워하는 로마 시민, 그것도 '나면서부터' 로마 시민이었다는 사실이다. 로마 시민권은 처음에는 로마시 본토에서 태어난 자유인 성인 남자에게만 주어진 특권이었다. 시민이 아닌 사람이 시민이 되는 길이 있기는 했다. 우선 노예가 주인에게서 해방되는 경우, 본인은 '피해방자' 신분이 되었고 그의 아들부터 시민이 될 수 있었다.

로마는 이탈리아반도와 지중해 세계로 팽창하면서 시민권을 개방적으로 운영했다. 속주민 중에도 로마를 위해 공을 세우면 시민권을 주기도 했고, 돈이 많은 속주민의 경우 돈을 주고 시민권을 살 수도 있었다. 아버지가 로마 시민인 경우 자연스럽게 자식에게도 시민권이 계승되었다.

바울은 자신이 나면서부터 시민이었다는 사실을 은근히 자랑했다. 아버지 대에, 또는 그 이전부터 그의 집안은 로마 시민권을 가지고 있었던 것 같다. 바울 집안이 어떻게 로마 시민권을 얻었는지 알 수는 없다. 바울의 직업이 천막 만드는 일이었기 때문에 그 집안이 천막을 제공하는 군납업을 하면서 로마 시민권을 얻었을지도 모른다. 직계 조상 중에 로마를 위해 공을 세워 그 대가로 시민권을 받았을 수도 있다. 어쨌든 로마 시민은 어디에서나 로마의 통치권이 행사되는 곳이면 로마의 보호를 받았다.

바울, 시민권을 적극적으로 활용하다

바울은 선교하다가 어려움에 처할 경우 자신이 로마 시민임을 내세워 위기에서 벗어났다. 기원후 51년경 필리피(빌립보)에서 재판도 하지 않은 채 바울과 실라가 매를 맞고 감옥에 갇힌 적이 있었다. 한밤중에 두 사람이 기도하고 하나님을 찬양할 때 큰 지진으로 감옥 터가 흔들리면서 감옥 문이 열려 도망칠 수도 있었다. 뒤늦게 사태를 파악한 간수가 죄수들이 도망쳤을까봐 미리 겁먹고 자살하려 했는데, 남아 있던 두 사람이 만류했고 이로써 간수와 그 가정이 복음을 받아들였다는 유명한 일화가 있다.

다음 날 날이 밝자 상관이 두 사람을 석방하라고 간수에게 명령했을 때, 바울은 "로마 사람인 우리를 죄도 정하지 아니하고 공중 앞에서 때리고 옥에 가두었다가 이제는 가만히 내보내고자 하느냐"(「사도행전」 16:37)라며 상관들이 직접 나와서 석방하라고 요구했고, 이에 그들이 직접 나와 성에서 떠나기를 요청했다.

기원후 57년경에는 예루살렘에서 바울이 군중 소요 중에 매를 맞고 있을 때 로마 군대가 출동하여 가까스로 그를 구해냈다. 그러나 상황 파악을 위해 바울에게 채찍질하며 심문하려 했을 때 바울은 또다시 스스로 로마 시민임을 내세워 채찍질에서 벗어날 수 있었다. 이때 바울은 자신이 나면서부터 로마 시민이라고 말해 돈을 주고 시민권을 샀다는 로마 군대의 천부장의 기세를 꺾었다.

그 일이 있고 나서 바울은 카이사리아(가이사랴)에서 2년 동안 구금 상태에 있었고, 기원후 59년경 베스도 총독이 새로 부임했다. 그는 지지부진하던 바울 사건을 바울에게 적대적인 유대인들에게 유리한 방향으로 해결하려 했다. 그래서 유대인의 마음을 얻고자 바울에게 예루살렘에 올라가 심문을 받을 생각이 있는지 물었다(「사도행전」 25:9). 바울은 다시 한 번 로마 시민이 가진 황제 카이사르에 대한 상소권을 주장해 위기를 모면했다. 예루살렘에 그를 적대시하는 유대인들이 기다리고 있었기 때문이다.

위기가 오히려 바울에게는 기회가 되었다. 이 일로 바울은 로마 군인의 '보호'를 받으며 로마로 갈 수 있었다. 이처럼 바울은 여러 차례 로마 시민이라는 지위를 이용해 자신이 꿈꾸던 제국의 중심지 로마까지 가게 되었다.

02

"나는 히브리인 중의 히브리인이다"

바울은 스스로를 '히브리인 중의 히브리인'이라고 소개하면서 자신의 '뿌리'를 아주 중요하게 생각했다. 크리스트교도가 된 뒤에도 자기를 소개할 때 '히브리인 중의 히브리인' '이스라엘 족속' '유대인' '바리새파' 등을 거론하며 자신의 출신과 종교·문화적 배경을 자랑스러워했다.

> 나는 8일 만에 할례를 받고 이스라엘 족속이며 베냐민 지파요, 히브리인 중의 히브리인이요, 율법으로는 바리새인이요.
>
> 「빌립보서」3:5

예수의 제자들(사도들)이나 복음에 반대하는 유대인들에게도 자신의 혈통적 배경을 당당하게 내세웠다.

그들이 **히브리인**이냐 나도 그러하며, 그들이 **이스라엘인**이냐 나도 그러하며, 그들이 **아브라함의 후손**이냐 나도 그러하다.

「고린도후서」 11:22

우리는 『성경』에서, 또는 교과서나 신문이나 여러 글에서 바울이 자기를 소개하면서 사용한 '히브리인' '이스라엘인' '유대인' '바리새인'이라는 용어를 접한다. 비슷한 의미를 지닌 듯한 이 용어들은 어떻게 생겨났고, 본래 지니고 있는 의미는 무엇일까?

우선 '히브리인'이라는 용어부터 살펴보자. 대다수의 학자들은 이 말이 고대 근동에서 '떠돌이들' '정착하지 못하고 방황하는 사람들'을 뜻하는 '하비루(Habiru)'에서 나왔다고 해석한다.

그러나 「창세기」에 나오는 노아의 세 아들들 셈, 함, 야벳에서 근거를 찾는 사람들도 많다.

셈은 에벨 온 자손의 조상이요 야벳의 형이라.

「창세기」 10:21

여기 '에벨'에서 히브리라는 말이 나왔다고 생각하는 것이다.
셈의 족보는 이후 **셈**-아르박삿-셀라-**에벨**-벨렉-르우-스룩-나홀-데라-**아브람**으로 이어진다(「창세기」 11:10-26). 노아의 아들 셈의 후손 에벨에서 히브리가 나오고, 에벨은 후대 유대인의 조상 아브람으로 연결된다는 것이다.

'이스라엘'이라는 용어는 아브라함의 손자이면서 이삭의 아들인 야곱이 천사와 싸워 이기고 나서 받은 이름으로 '하나님과 겨루어 이긴 자'를 뜻한다.

> 그가 이르되 "네 이름을 다시는 **야곱**이라 부를 것이 아니오 **이스라엘**이라 부를 것이니, 이는 네가 하나님과 및 사람들과 겨루어 이겼음이니라."
>
> 「창세기」 32:28

이스라엘은 야곱의 새로운 이름인 셈이다. 그러나 그 이름은 야곱만 가리키지 않고 야곱의 열두 아들로 시작되는 이스라엘이라는 나라를 지칭하기도 한다. 히브리인들이 모세의 인도로 이집트를 나와 광야에서 40년을 보내고 가나안으로 가서 나라를 세웠을 때 나라 이름이 이스라엘이 된 것이다. 많은 민족 가운데 하나님이 이스라엘을 내 백성이라 특별히 지명했고, 그들을 통해 '하나님 나라'를 이 땅에 만들어가려고 했다는 것이다.

> 세계가 다 내게 속하였나니 너희가 내 말을 잘 듣고 내 언약을 지키면 너희는 모든 민족 중에서 내 소유가 되겠고, 너희가 내게 대하여 제사장 나라가 되며 거룩한 백성이 되리라. 너는 이 말을 **이스라엘 자손**에게 전할지니라.
>
> 「출애굽기」 19:5-6

이런 식으로 모세는 광야에 모인 무리를 '하나님의 백성' '이스라엘 자손'이라고 일컬었다. 이후 이스라엘은 가나안에 등장한 이스라엘왕국을 지칭했다.

유대인이라는 용어는 야곱의 열두 아들 가운데 네 번째 아들 유다에서 기원했다. 야곱은 아내가 네 명이었다. 레아와 라헬 자매, 그리고 두 사람의 몸종 두 명이다. 이 네 명의 여자에게서 열두 형제와 딸 하나를 얻었다. 그 가운데 '찬양'이라는 뜻의 이름을 지닌 유다는 첫 번째 아내 레아에게서 태어났다.

유대인은 유다의 후손으로 이스라엘 열두 부족 중에서 정통성을 계승한다. 유다 부족 출신 다윗 왕과 그 아들 솔로몬 때 이스라엘은 전성기를 누렸다. 예수 역시 혈통적으로 유다의 후손으로 이 세상에 태어났다.

아브라함과 다윗의 자손 예수 그리스도의 계보라.

「마태복음」1:1

그러나 솔로몬 왕이 죽고 나서 여로보함이 반란을 일으켜 나라가 남북으로 나뉘었고, 남쪽 유다 왕국은 예루살렘을 중심으로 솔로몬의 아들 르호보암이, 북쪽 이스라엘은 사마리아를 중심으로 여로보함이 새 왕조를 세워 통치했다. 유대 왕국은 예루살렘에 성전이 있었기 때문에 이스라엘의 정통성을 계승했다.

결국 이스라엘 열두 부족 가운데 유다 부족이 정통성을 계승했고, 유대인이 곧 이스라엘을 대표하게 되었다. 따라서 유대인은 정확하게 말하면 유다의 후손이지만, 그렇다고 해서 유다 부족만 지칭하는 것은 아니고, 그 뒤에 유다왕국을 통해 하나님의 계명을 지키고 예루살렘 성전에서 정체성을 유지한 이스라엘 백성을 대표하는 이름이 되었다.

그러나 기원전 586년 유다왕국마저 신바빌로니아에게 패망하고 정치 종교 지도자들이 바벨론의 포로가 되는 사건이 발생했다(바벨론 포로 사건). 그때 다니엘 같은 유대인은 바벨론의 포로가 되어서도 예루살렘 성전을 향해 하루 세 번 하나님의 백성으로서 의식을 행하며 계속 정체성을 유지하려 했다.

따라서 유다인, 유대라는 말은 이스라엘에서 좀 더 좁게, 좀 더 정제되어 하나님의 백성을 대표하는 용어가 되었다.

03

정통 바리새파 유대교도

바울은 자신이 유대인 중에서도 바리새인이라고 밝힌다. 유대인이 나라를 잃고 로마의 지배하에 있을 때 바리새파, 사두개파, 에세네파, 열심당 등 여러 파벌로 나뉘어 있었다. 그중 바리새파는 모세의 율법과 조상의 관습을 철저히 지키는 것을 중요시했다. 하나님은 시나이(시내)산에서 두 가지 방식으로 계시를 주었는데, 하나는 기록된 말씀, 즉 율법이고, 다른 하나는 말로 행한 명령이었다. 이 명령은 모세를 시작으로 족장과 장로를 통해 계속 전해 내려왔다. 바리새파는 '말로 전해진 명령'을 연구하여 기록된 말씀을 보충해야 한다고 주장했다.

『구약성경』에는 일반적인 원칙만 나와 있는 경우에는 좀 더 세분화해 여러 상황에 맞는 구체적인 행동 지침이 필요했다. 예를 들어, 안식일에는 일을 하면 안 되는데 어부가 안식일 전에 그물을 걷고 있다가 안식일이 되면 어떻게 할 것인가 등, 삶의 현장에서 실제적인 문제가 생길 수 있었다. 따라서 이를 해결하기 위해서는 세부적인 규정이 필요했다.

유대교 랍비들이 만들어낸 지침에는 안식일에 해서는 안 되는 일 서른아홉 가지가 규정되었고, 또 그 안에 다시 수많은 하위 규정이 만들어졌다. 그 결과 안식일에 금지하는 일이 수백 가지로 정해졌다.

물론 바리새파가 무조건 기계적으로 율법이나 행동 지침을 지켜야 한다고 주장한 것은 아니다. 가령 "상처에는 상처로, 눈에는 눈으로, 이에는 이로 갚을지라. 남에게 상해를 입힌 그대로 그에게 그렇게 할 것이며"(「레위기」 24:20)라는 구절, 즉 동태복수법은 원시적이고 잔인한 법이기에 그것을 문자적으로 지키기보다는 시대 상황에 맞게 적절히 고쳐서 지킬 필요가 있다고 생각했다. 때에 따라 그 율법의 정신을 생각하면서 돈으로 보상할 수 있다면 적절하게 보상해주는 것이 좋다고 가르치기도 했다.

바리새파와 서로 대립하며 세력을 이룬 파벌은 사두개파였다.

대부분 예루살렘 성전에서 성전 의례를 주관하는 사제들이었으며, 구전된 말씀을 인정하지 않고 오직 모세오경을 중심으로 신앙생활을 하려 했다. 그들은 현세 중심의 세계관을 가지고 있어 부활이나 사후 세계, 종말론을 믿지 않았기에 바리새파와 심하게 대립했다.

에세네파는 쿰란 공동체처럼 세상을 등지고 사막이나 인적이 드문 곳에 별도의 공동체를 만들어 생활하는 집단이었다. 그들은 예법을 준수하고 심판의 날을 대비해야 한다고 생각했다. 이처럼 다양한 분파 가운데 바울은 바리새파 계열에 속하는 유대교인이었다.

당대 석학 가말리엘의 제자가 되다

바울이 자신의 학력과 관련하여 구체적으로 언급한 내용이 있다. 예루살렘에 유학하면서 당대 석학 가말리엘의 문하에 들어가 율법을 공부했다는 것이다. 가말리엘은 유대인 율법 교사로 많은 백성에게 존경을 받는 사람이었다. 그는 『사도행전』에서 두 번 언급된다. 첫 번째는 베드로와 사도들이 공회에서 심문을 받을 때였다. 베드로가 말했다.

너희가 나무에 달아 죽인 예수를 우리 조상의 하나님이 살리시고 이스라엘에게 회개함과 죄사함을 주시려고 그를 오른손으로 높이사 임금과 구주로 삼으셨느니라.

「사도행전」 5:30-31

이 말을 듣고 모여 있던 공회원들이 분노하여 사도들을 죽이려 했다. 이때 바리새인 가말리엘이 일어나 사도들을 잠깐 밖에 나가게 하고는 최근 사례를 들면서 모인 사람들을 무마했다.

이스라엘 사람들아…… 이 사람들을 상관 말고 버려두라. 이 사상과 이 소행이 사람에게로서 났으면 무너질 것이요, 만일 하나님께로서 났으면 너희가 저희를 무너뜨릴 수 없겠고 도리어 하나님을 대적하는 자가 될까 하노라.

「사도행전」 5:35, 38-39

이처럼 가말리엘은 예수의 복음에 신중하고 온건한 태도를 취했다. 이에 공회는 사도들을 불러 채찍질하며 예수를 전하지 못하게 했다.

두 번째는 바울 자신이 세 차례 선교 여행을 끝내고 예루살렘으로 왔을 때였다. 이방인을 데리고 예루살렘 성전에 들어갔다며 군중에게 잡혀 죽을 뻔했다. 로마 군대에 의해 위기에서 가까스로 구출되었을 때 바울은 자신도 같은 유대인임을 내세워 다음과 같이 스스로를 변호했다.

> 나는 유대인으로 길리기아 타르소스에서 났고 이 성에서 자라 **가말리엘의 문하에서 우리 조상들의 율법의 엄한 교훈을 받았고** 오늘 너희 모든 사람처럼 하나님께 대하여 열심히 있는 자라.
>
> 「사도행전」 22:3

이때 바울은 가말리엘이 백성들의 존경을 받는 자였기 때문에 군중에게 호소력이 있으리라 생각했던 것 같다. 그는 누구보다도 조상의 전통과 가르침을 열심히 믿는 충실한 유대교인이었다. 바울 자신도 회심하기 전에는 대다수 유대인처럼 예수의 복음을 이해하지 못했고, 예수를 따르는 제자들의 활동이 유대교의 가르침에 어긋난다고 생각했다.

04

유대교의 3대 사상:
유일신 사상, 선민사상, 메시아사상

크리스트교는 유대교에서 갈라져 나왔다. 그러므로 바울과 크리스트교를 다루기 전에 히브리인의 역사와 유대교에 관해 알아볼 필요가 있다. 히브리인의 역사는 『구약성경』에 잘 나와 있다. 「창세기」 12장에 따르면, 히브리인의 선조 아브람(후에 아브라함)은 기원전 2000년경 오늘날 이라크 바그다드 남쪽에 있는 수메르문명의 중심 도시 가운데 하나인 우르에서 하나님의 부름을 받고 고향을 떠나 팔레스타인으로 이주했다. 이후 그 후손이 이집트에 내려갔고 거기서 400여 년을 보냈다.

시간이 흘러 히브리인은 이집트 왕 파라오의 압제하에서 고통

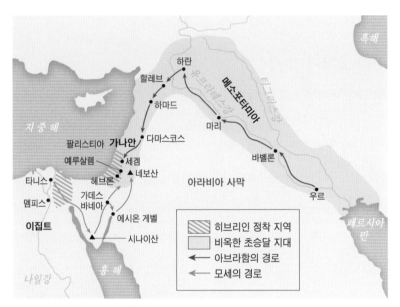

• 아브라함의 이주와 모세의 출애굽 여정
아브라함은 메소포타미아 지역의 우르에서 하나님의 부름을 받고 팔레스타인으로 이주했다. 그 후손이
이집트에서 노예 생활을 하다가 모세의 지도하에 이집트를 빠져나오게 되었다.

스러운 노예 생활을 했다. 그러다가 모세의 인도로 이집트를 탈
출했다(엑소더스). 그들은 시나이산에서 십계명을 포함한 율법을
받았다. 하나님의 백성으로서 정체성을 명확히 할 수 있는 근거
를 확보한 것이다. 율법은 이후 선민 히브리인의 증표가 된다.

하나님의 명령을 거스르는 바람에 이집트를 나온 히브리인 대
부분은 광야에서 40년의 유랑 생활을 하며 죽었고, 광야에서 출
생한 후손만 여호수아의 지도하에 가나안 땅에 들어가 열두 부

족이 각각 땅을 분배받아 정착했다. 그들은 기원전 1000년경에 예루살렘을 수도로 사울-다윗-솔로몬으로 이어지는 이스라엘 왕국을 건설했다. 예루살렘은 여호와의 성전이 있는 곳으로 종교·문화의 중심지였다.

하지만 솔로몬이 죽은 뒤 나라가 남유다왕국과 북이스라엘왕국으로 나뉘고, 기원전 722년에 북이스라엘왕국이 먼저 아시리아(앗수르)에 정복되었다. 그 후 약 200여 년 동안 독립을 유지하던 남유다왕국도 기원전 586년에 신바빌로니아에게 멸망당했다. 예루살렘 성전은 파괴되었고, 정치 종교 지도자를 포함한 많은 유대인들이 바벨론으로 포로가 되어 끌려갔다.

이때부터 나라 잃은 유대인의 수난사가 시작되었다. 신바빌로니아를 물리친 페르시아제국 아래에서 일부 유대인이 예루살렘으로 귀환해 예루살렘 성전을 재건하지만 정치적으로 독립하지는 못했다. 페르시아의 뒤를 이어 마케도니아의 왕 알렉산드로스, 그리고 마지막으로 기원전 63년 로마의 폼페이우스 장군이 유대 땅을 정복했다. 예수가 활동할 때 모든 이스라엘 땅은 로마의 통치를 받았다.

기원후 66년에 로마-유대 전쟁이 일어났고, 70년에 예루살렘과 헤롯 대왕이 재건했던 성전이 완전히 파괴되었다. 이때부터 유대인의 유랑과 고난의 역사, 즉 '디아스포라'가 다시 시작되어 약 1,900년 동안 계속되다가 1948년에 이스라엘 공화국이 팔레스타인 땅에 건국되었다.

유일신 사상: 하나님만 유일한 신이다

이처럼 국가가 붕괴된 뒤에도 거의 1,900년 동안 민족의 정체성을 유지할 수 있었던 것은 아브라함 이후 조상 대대로 내려온 유대교 때문이다. 유대교는 유일신 사상(monotheism: 헬라어 mono는 '하나'를 의미하고, theism은 헬라어 theos '신'에서 왔다)을 핵심 교리로 한다. 유일신 사상은 하나님만 경배해야 한다는 주장인데, 이는 메소포타미아나 이집트, 그리스·로마 등 동방과 지중해 세계의 다른 민족들의 다신교 사상(polytheism)과 대립된다.

히브리인이 신들의 존재를 부정한 것은 아니다. 예수도 귀신 들린 병자에게서 귀신을 쫓아낸 일이 많았다. 다른 민족은 여러 신들을 믿지만 마땅히 경배해야 할 대상은 하나님뿐이라는 사상이 바로 유일신 사상이다. 그렇다면 히브리인의 유일신 하나님은 어떤 존재인가?

『성경』에서 하나님은 만물의 창조주, 만유의 주관자로 나온다. 『구약성경』첫 책인 「창세기」 1장 1절에 '태초에 하나님이 천지

를 창조하셨다'고 선언한다. 세상 모든 만물이 하나님의 작품이
라는 믿음이다.

> 너는 나 외에는 다른 신들을 네게 두지 말라. 너를 위하여 새긴 우
> 상을 만들지 말며…… 그것들에게 절하지 말며, 그것들을 섬기지
> 말라.
>
> 「출애굽기」 20:3-5

> 그런즉 너는 오늘 위로 하늘에나 아래도 땅에 오직 여호와는 하
> 나님이시요 다른 신이 없는 줄을 알아 명심하라.
>
> 「신명기」 4:39

이처럼 『구약성경』 여러 곳에서 유일신 사상이 강조된다. 동방
여러 민족뿐만 아니라 헬라인이나 로마인도 자신들이 숭배하는
신상을 신전에 두고 제사하거나 섬겼는데, 그 일을 하지 말라는
것이었다. 또한 '절하지 말라'라는 말은 몸을 굽혀 절하는 것뿐만
아니라 그 신들을 숭배하지 말라는 의미가 담겨 있다. 하나님만
섬기라는 것이 유일신 사상의 핵심이다.

선민사상: 우리는 하나님이 택한 민족이다

두 번째 선민사상은 창조주 하나님이 자기 민족만 특별히 선택했다는 사상이다. 선민사상은 「창세기」 12장에 하나님이 히브리인의 조상인 아브라함을 특별히 불러냈다는 데서 시작된다.

여호와께서 아브람에게 이르시되 너는 너의 고향과 친척과 아버지의 집을 떠나 내가 네게 보여줄 땅으로 가라. 내가 너로 큰 민족을 이루고 네게 복을 주어 네 이름을 창대하게 하리니 너는 복이 될지라.

「창세기」 12:1-2

기원전 2000년경 아브라함이 떠나온 우르 지역은 수메르문명이 생긴 곳이다. 아브라함은 일족을 이끌고 그곳, 문명의 중심지를 떠나라는 명령을 받고 북쪽으로 올라왔다가 다시 서쪽 가나안 땅으로 이동했다. 이 모든 것이 신의 특별한 부름에 대한 아브라함의 순종의 결과였고 선민사상의 근거가 되었다.

히브리인의 선민사상은 훗날 이집트를 탈출하면서 강화되었다. 「창세기」 37장 이하에는 야곱의 사랑을 독차지하던 열한 번째 아들 요셉이 형들의 시기심 때문에 이집트로 팔려간 이야기가 나온다. 그 후손들이 400여 년 뒤에 모세의 인도로 이집트를 탈출하는 이야기가 『구약성경』의 두 번째 책 「출애굽기」에 나와 있다.

이처럼 한 번은 아브라함을 통해 메소포타미아 문명권에서, 또 한 번은 모세를 지도자로 하여 이집트 문명권에서 탈출한 역사적 경험은 이스라엘 백성의 선민사상을 강화했다. 이러한 과정에서 여호와 하나님만을 믿는 유대교가 탄생했다.

메시아사상: 메시아가 오면 이민족의 압제에서 해방된다

세 번째는 메시아사상이다. 다윗 왕과 솔로몬 왕 때 전성기를 누린 이스라엘왕국은 솔로몬의 아들 르호보암 대에 와서 남북 분단의 아픔을 겪었다. 정통성은 예루살렘을 수도로 하는 남유다왕국에 있었다. 솔로몬 왕 때 지은 성전이 예루살렘에 있었기 때문이다. 분열 왕국 시대는 오래가지 않았다.

기원전 722년에 북이스라엘왕국이 아시리아에 정복되더니 남유다왕국 역시 기원전 586년에 신바빌로니아에 멸망당했다. 하나님의 선민으로서 자긍심이 많던 유대인들에게 이집트에서 노예 생활을 하던 때와 똑같은 상황이 벌어진 것이다. 나라를 잃은 수많은 유대인들이 신바빌로니아의 수도 바벨론으로 포로가 되

아시리아

흑해

카스피해

고산　　니네베

레블라

지중해

이스라엘

사마리아

예루살렘

바빌로니아

바벨론

티그리스강

유프라테스강

페르시아만

홍해

← 아시리아인이 북이스라엘 포로를 아시리아로 끌고 감
← 신바빌로니아인이 유대인 포로를 바빌로니아로 끌고 감
← 아시리아인이 이민족을 강제 이주시킴

- **북이스라엘왕국과 남유다왕국의 포로 사건**

　기원전 722년 북이스라엘왕국은 아시리아에게 정복당했고, 기원전 586년 남유다왕국은 신바빌로니아에 멸망했다. 나라를 잃은 유대인들은 제2의 엑소더스를 기대했다.

• **통곡의 벽**
지금도 유대인들은 통곡의 벽에서 메시아의 등장과 이스라엘의 회복을 기원하고 있다.

어 끌려갔다(바벨론 포로 사건).

이와 같은 비관적 상황에서도 선민사상이 강했던 유대인들은 '제2의 엑소더스'가 있을 것이라 기대했다. 언젠가는 메시아가 와서 자신들을 해방시킬 것이라는 믿음이 생겨난 것이다. 메시아란 '기름부음을 받은 자'라는 뜻의 히브리어이다. 메시아는 원래 『구약성경』에서 왕이나 선지자, 제사장 등 여호와 하나님으로부터 특별히 선택된 종교·정치 지도자들이었고, 보통 사람과 구별하는 의미에서 머리에 기름을 부었다. 모세가 이집트에서 히브리인을 이끌고 가나안으로 왔듯이, 메시아가 오면 유대왕국은 회복될 것이라는 믿음이 생겼다. 왕, 선지자, 제사장 세 가지 직능을 모두 갖춘 메시아가 오면 외세의 지배에서 해방된다는 믿음이 있었다.

그러나 바빌로니아의 뒤를 이어 페르시아, 마케도니아, 로마의 지배가 이어졌지만 그들이 기다리는 메시아는 오지 않았다. 그래도 메시아에 대한 기대는 포기하지 않았다. 예수가 활동하던 때에도 그랬다. 메시아는 헬라어로 '크리스토스(크리스트)'이다. 다음 장에서는 예수를 메시아, 즉 크리스트로 믿는 종교, 즉 크리스트교의 탄생과 전파에 관해서 알아보자.

이스라엘 열두 부족의 등장과
남유다-북이스라엘의 분단 과정

야곱은 외삼촌 집에 가서 20년을 사는 동안 외사촌이었던 레아
와 라헬 자매, 그리고 라헬의 몸종 빌하, 레아의 몸종 실바로부터
열두 명의 아들과 한 명의 딸을 얻었다. 야곱은 얍곱강을 건너 고
향으로 돌아오다가 천사와 씨름해 이겼고, '이스라엘(하나님과 씨름
하여 이긴 자)'이라는 새 이름을 얻었다. 그리고 야곱의 열두 아들은
이스라엘 열두 부족의 시조가 되었다.

베냐민 부족 출신 사울이 왕이 되었으나 그가 죽자 유다 부족
의 다윗이 왕위를 계승했고, 솔로몬에게 왕위가 넘어갔다. 그러
나 솔로몬의 아들 르호보암 때 나라가 남북으로 나뉘었는데, 남
유다왕국은 두 부족(베냐민 부족, 유다 부족)만 남고 열 부족은 여로보
함을 왕으로 세우고 북이스라엘왕국이 되었다. 그러다가 기원전
722년에 북이스라엘왕국이 아시리아에게 멸망하고 열 부족이

- **북이스라엘왕국과 남유다왕국**

　　이스라엘은 솔로몬 왕의 아들 르호보암 왕 때 남북으로 나뉘었다. 남유다왕국에는 두 부족만 남았고, 나머지 열 부족은 여로보암을 왕으로 추대하고 북이스라엘왕국을 세웠다.

역사 속으로 사라졌다. 남유다왕국도 기원전 586년에 신바빌로니아에게 멸망했다. 유대 왕국의 후예들은 메시아가 오면 이스라엘이 회복된다고 믿고 메시아가 오기만을 기다렸다.

		레아				빌하(라헬)	실바(레아)
		1	2	3	4	5	6
이름		르우벤	시므온	레위	유다	단	납달리
뜻		보라 사내아이다	하나님이 들으셨다	통하다	하나님을 찬양하다	변호	싸움
가나안 땅 분배		르우벤	시므온		유다	단	납달리
통일왕국	부족	르우벤	시므온	단	납달리	갓	아셀
분열왕국	나라	북이스라엘					

		실바(레아)		레아		라헬		레아
		7	8	9	10	11	12	딸
이름		갓	아셀	잇사갈	스불론	요셉	베냐민	디나
뜻		행운	행복하다	교환했다	후한 선물	더하다	복된 아들	
가나안 땅 분배		갓	아셀	잇사갈	스불론	므낫세 에브로임	베냐민	
통일왕국	부족	잇사갈	스불론	므낫세	에브라임	유다	베냐민	
분열왕국	나라	북이스라엘				남유다		

• **야곱의 열두 아들과 열두 부족, 남유다와 북이스라엘의 분열**

사울, 바울, 바오로는 같은 사람인가요?

바울이 살던 시기에 지중해 세계에 퍼져 살던 유대인들은 그 지역의 문화와 일상생활에 적응하기 위해 히브리식 이름 외에 헬라어/라틴어 이름을 동시에 가지고 있었다. 바울은 태어날 때 사울 왕의 이름을 본떠 사울이라는 히브리식 이름이 있었지만, 로마 시민으로서 '작은 자'라는 뜻의 라틴어 '파울루스(Paulus, 헬라어 Paulos)'라는 이름도 있었다.

크리스트교의 박해자로서, 또는 회심 후 초기에는 유대인으로서 정체성이 강조되다보니 사울로 지칭되었다. 그러나 지중해 세계로 본격적인 선교 활동을 시작하면서 헬라인/로마인 등 이방인이나 헬라화/로마화한 유대인을 상대로 복음을 전파하면서 라틴어 이름 파울루스가 주로 사용되었다.

한편 『성경』을 우리말로 번역하는 과정에서 각 교파마다 조금

씩 다른 번역 용어를 사용하게 되었다. 개신교는 1900년에 처음 나온 한글판 『성경』부터 '바울'이라는 번역 용어를 사용한 반면, 천주교는 '바오로'로 써왔다. 1977년 천주교와 개신교가 함께 번역한 공동번역 『성서』에서는 '바울로'로 표기했고, 성공회나 동방정교회는 이 공동번역 『성경』을 사용하고 있다. 따라서 바울의 이름에 관한 여러 표현은, 이 책에서는 '바울'로 표기했지만, 대부분 『성경』을 우리말로 번역하는 과정에서 생겨난 것이지 옳고 그름의 문제는 아니라는 사실을 염두에 둘 필요가 있다.

기원전 1세기는 로마의 대장군들이 저마다 군대를 이끌고 권력을 잡기 위해 싸우는 내전기였다. 마침내 옥타비아누스가 안토니우스와 클레오파트라 연합 군을 물리치고 로마 제국의 초대 황제(아우구스투스)가 되어 '로마의 평화(팍스 로마나)'를 만들어가고 있었다.

바로 이때 유대 땅 베들레헴에서 예수가 탄생했다. 예수가 유대인들이 기다려 온 바로 그 메시아라는 믿음, 즉 복음이 예수의 제자들을 시작으로 유대인 동 족에게 퍼졌고, 그 결과 예루살렘 교회가 탄생했다. 이후 복음은 헬라인, 로마 인 등 이방인들에게도 확산되었고, 바나바와 바울이 이끄는 안티오키아 교회 는 이방인 선교의 중심으로 떠올랐다. 안티오키아 교회에서 예수 복음을 믿는 사람을 처음으로 '크리스트교도(그리스도인)'라 부르기 시작했다. 그러나 과정 이 순탄치만은 않았다. 예수를 십자가에 못 박으라며 소요를 일으켰던 유대인 들의 방해와 박해가 계속되었고, 그 과정에서 스데반과 사도 야고보 등이 순교 했다. 바울도 처음에는 그 박해자 가운데 한 사람이었다.

제2장

메시아의 등장과
크리스트교의 탄생

01

예수, 메시아로 오다

『신약성경』의 첫 번째 책 「마태복음」은 '아브라함과 다윗의 자손, 예수 그리스도의 계보'를 소개하면서 시작한다. 여기서 예수 그리스도, 즉 예수가 메시아라는 선언이 중요하다. 사실 3년간의 예수의 가르침과 십자가 고난, 부활 사건을 기록한 네 복음서 「마태복음」「마가복음」「누가복음」「요한복음」을 보면 군중은 말할 것도 없고 그의 제자들도 처음부터 예수를 메시아라고 생각하지 않았다.

자타가 공인하는 수제자 베드로의 경우를 보자. 그는 한때 예수에게 "주는 그리스도시며 살아계신 하나님의 아들이십니다"

(「마태복음」16:16)라고 고백했지만 그가 생각한 메시아와 예수가 말한 메시아는 크게 달랐다. 제자들이 예수를 메시아로 고백하고 증언하기 시작한 것은 예수가 승천하고 나서 오순절에 성령 강림 이후의 일이었다. 그러한 믿음은 과연 어떻게 생겨났을까?

제자들조차 예수를 이해하지 못하다

예수의 탄생 사건은 『신약성경』의 네 복음서에 다 나와 있지만, 그중에서도 당시 역사적 상황과 연결해 상세하게 예수의 생애와 가르침을 기록한 이는 「누가복음」의 저자 누가였다. 누가는 로마 초대 황제 아우구스투스의 호적령(인구 조사 명령)을 예수의 탄생 사건과 연결시켜 보고한다.

그때에 가이사 아구스도(카이사르 아우구스투스)가 영을 내려 천하로 다 호적하라 하였으니 이 호적은 구레뇨(키레니우스)가 수리아(시리아) 총독이 되었을 때에 처음 한 것이라. 요셉도 다윗의 집 족속이므로 갈릴리 나사렛 동네에서 유대를 향하여 베들레헴이라 하는 다윗의 동네로 그 약혼한 마리아와 함께 호적하러 올라가니 마리아가 이미 잉태하였더라. 거기 있을 그때에 해산할 날이 차서 첫 아들을 낳아 강보로 싸서 구유에 뉘었으니 이는 여관에 있을

- **베들레헴 예수 탄생 교회**

  예수가 탄생한 베들레헴에는 예수 탄생을 기념하는 교회가 세워져 있다. 아래 사진을 보면 예수 탄생 교회 내부에 예수가 태어난 지점으로 추정되는 장소에 별 모양으로 표시해놓았다.

곳이 없음이러라.

「누가복음」2:1-7

예수의 아버지 요셉은 다윗의 후손이었는데, 다윗의 고향이 베들레헴이었다. 요셉은 아우구스투스의 호적령에 따라 자기가 살던 북이스라엘 갈릴리 근처 나사렛에서 베들레헴으로 오게 되었다. 바로 그 베들레헴에서 마리아의 몸에서 예수가 태어났다.

예수의 초기 30여 년의 생애에 대해 알려진 바는 거의 없다. 다만 목수였던 육신의 아버지 요셉을 도우며 평범하게 살았을 것으로 추정된다. 그러다가 생애 마지막 3년 동안 제자들을 모아 가르치고 천국 복음을 전파했다. 예수는 따르는 무리 가운데 병든 자를 고치고 죽은 자를 살리는 등 많은 기적도 행했다. 그러나 마지막에는 예루살렘에서 십자가에 못 박혀 죽었다.

십자가 사건은 예수에 의해 여러 차례 예언되었다. 그러나 3년이나 예수를 따라다니며 많은 기적을 지켜보고 가르침을 받은 제자들조차 예수의 십자가 죽음의 의미를 이해하지 못했다. 제자들이 예수를 메시아라고 믿기까지는 꽤 시간이 걸렸다.

필리피 카이사리아에서 제자들과 예수의 생각 차이가 드러나다

제자들을 가르치기 시작해 1년 반쯤 지났을 때 예수는 사람들이 자신을 어떻게 생각하는지 확인하고 싶었다.

예수께서 빌립보 가이사랴(필리피 카이사리아) 지방에 이르러 제자들에게 물어 이르시되 "사람들이 인자를 누구라 하느냐?" 이르되 "더러는 세례 요한, 더러는 엘리야, 어떤 이는 예레미야나 선지자 중의 하나라 하나이다." 이르시되 "너희는 나를 누구라 하느냐?" 시몬 베드로가 대답하여 이르되 **"주는 그리스도(메시아)시요 살아 계신 하나님의 아들이십니다."**

「마태복음」16:13-16

다른 제자들이 침묵할 때 베드로는 '정답'을 말해 예수로부터 칭찬을 받았을 뿐만 아니라 천국의 열쇠에 대한 약속까지 받았다.

예수께서 대답하여 이르시되 "바요나 시몬아 네가 복이 있도다 이를 네게 알게 한 이는 혈육이 아니요 하늘에 계신 내 아버지시라. 내가 천국 열쇠를 네게 주리니 네가 땅에서 무엇이든지 매면 하늘에서도 매일 것이요, 네가 땅에서 무엇이든지 풀면 하늘에서

도 풀리리라." 하시고

「마태복음」 16:17-19

그러나 예수는 자신이 그리스도라는 사실을 사람들에게 알리지 말라며 제자들에게만 십자가 고난과 죽음, 그리고 부활에 대해 예언했다.

이에 제자들에게 경고하사 자기가 그리스도인 것을 아무에게도 이르지 말라 하시니라. **이때로부터 예수 그리스도께서 자기가 예루살렘에 올라가 장로들과 대제사장들과 서기관들에게 많은 고난을 받고 죽임을 당하고 제 삼일에 살아나야 할 것을 제자들에게 비로소 나타내시니.**

「마태복음」 16:20-21

예수는 왜 사람들에게 자신이 그리스도라는 사실을 말하지 말라고 했을까? 이후 베드로를 포함하여 제자들의 반응이나 유대인 군중의 반응을 보면 짐작이 간다. 예수는 그들이 기대하는 그리스도가 아니었기 때문이다. 유대인들에게 그리스도는 이스라엘을 로마의 압제에서 해방시키는 현세적 능력을 지닌 정치 지도자였다.

예수가 앞으로 십자가 처형을 당할 것이라 예언하자 이번에도 베드로가 반대하고 나섰다.

예수를 붙들고 항변하여 이르되 "주여 그리 마옵소서. 이 일이 결코 주께 미치지 아니하리이다."

「마태복음」 16:22

이러한 반응에 예수는 베드로를 크게 꾸짖었다.

예수께서 돌이키시며 베드로에게 이르시되 "사탄아 내 뒤로 물러가라. 너는 나를 넘어지게 하는 자로다. 네가 하나님의 일을 생각하지 아니하고 도리어 사람의 일을 생각하는도다."

「마태복음」 16:23

이와 같이 유대인들은 물론이고 제자들마저도 그리스도에 대한 생각이 예수와 크게 달랐다. 만일 이때 유대인들에게 예수가 그리스도라고 가르쳤다면 유대인들은 예수를 십자가에 못 박으라고 외쳤을 것이다. 예수는 가르쳐야 할 내용이 더 있었고, 시간이 더 필요했다. 그런 까닭에 사람들에게 자신이 그리스도라는 사실을 말하지 말라고 경고했던 것이다.

유대인에게 십자가 처형은 수치이자 저주

『성경』에는 나무에 달려 죽은 자, 즉 십자가에 처형된 자는 저주를 받은 자라는 말이 있다.

그 시체를 나무 위에 밤새도록 두지 말고 그날에 장사하여 네 하나님 여호와께서 네게 기업으로 주시는 땅을 더럽히지 말라. **나무에 달린 자는 하나님께 저주를 받았음이니라.**

「신명기」 21:23

그리스도께서 우리를 위하여 저주를 받은 바 되사 율법의 저주에서 우리를 속량하셨으니 기록된 바 나무에 달린 자마다 저주 아래에 있는 자라 하였음이라.

「갈라디아서」 3:13

예수의 예언대로 그리스도가 십자가에 달려서 죽는다는 것은 베드로에게서 드러나듯이 유대인에게는 도저히 받아들일 수 없었다. 그리스도는 이스라엘을 로마의 지배에서 해방시킬 막강한 능력을 지닌 지도자여야 한다고 생각했기 때문이다.

로마인에게 십자가 처형은 반역한 노예에게 부과하는 형벌

십자가는 로마 사회에서는 주인을 배반하고 도주하거나 반역한 노예를 처형할 때 사용하는 도구였다. 스파르타쿠스 노예 반란을 진압한 로마는 기원전 71년에 6,000여 명의 반란 노예들을 아피우스 가도(비아 아피아)를 따라 십자가에 매달아서 가혹하게 처형했다. 그렇기 때문에 로마인도 위대한 지도자가 십자가에 달려 죽는 일을 이해할 수 없었을 것이다.

따라서 예수의 십자가 죽음은 그를 따르던 제자들을 좌절과 실망으로 몰고 갔다. 많은 제자들이 뿔뿔이 흩어져 갈릴리로 돌아가거나 예루살렘에 숨어 지내며 슬픔 속에 시간을 보냈다. 그러나 예수가 십자가에 달려 죽는 것이 인류 구원의 유일한 방법이라는 사실을 제자들은 나중에 깨달았다.

예수가 3일 만에 부활하다

예수의 십자가 사건은 끝이 아니라 새로운 출발이었다. 제자들은 믿지 않았지만 예수는 예언대로 3일 만에 부활했다. 안식

• 십자가에 달린 예수

시에나 산 지오반니 세례당에 그려놓은 이탈리아 화가 베키에타의 「십자가에 달린 예수」(1450)이다. 예수는 반역한 노예를 처형할 때 사용하는 십자가에 달려 죽었다.

후 첫날 새벽에 예수의 무덤을 찾아갔던 막달라 마리아는 무덤을 막았던 돌이 옮겨지고 무덤이 비어 있는 것을 발견했다. 그녀는 크게 놀라서 베드로와 요한에게 예수의 시신이 사라진 것을 알렸다. 베드로와 요한도 급히 와서 빈 무덤을 확인하고는 황당해하며 자기들의 집으로 돌아갔다.

부활한 예수를 처음 만난 사람은 제자들이 아니라 무덤에 남아 있던 막달라 마리아였다.

　예수께서 이르시되 "여자여 어찌하여 울며 누구를 찾느냐" 하시니 마리아는 그가 동산지기인 줄 알고 이르되 "주여 당신이 옮겼거든 어디 두었는지 내게 이르소서. 그리하면 내가 가져가리이다." 예수께서 "마리아야" 하시거늘 마리아가 돌이켜 히브리말로 랍오니 하니 (이는 선생님이라는 말이라.) 예수께서 이르시되 "나를 붙들지 말라. ……너는 내 형제들에게 가서 이르되 내가 내 아버지 곧 너희 아버지, 내 하나님 곧 너희 하나님께로 올라간다 하라" 하시니 막달라 마리아가 가서 제자들에게 "내가 주를 보았다" 하고 또 "주께서 자기에게 이렇게 말씀하셨다" 이르니라.

「요한복음」 20:15-18

　그날 저녁 제자들이 모여 있을 때 부활한 예수가 직접 나타났다. 그리고 여러 차례 제자들을 만났고, 하나님 나라에 대해서 가르치며 새 희망을 갖게 했다. 그러나 그것도 잠시뿐이었다. 예수는 부활한 지 40일 만에 제자들을 남기고 하늘로 올라갔다.

02

오순절 성령 강림과 예루살렘 교회의 탄생

예수의 십자가 처형을 주도한 유대교 지도자들은 이제 예수 운
동이 끝났다고 생각했을 것이다. 그들은 지도자를 잃은 제자들
이 예수를 십자가에 못 박으라는 군중의 함성과 십자가 처형을
실행한 로마 군대의 위세에 압도되어 더 이상 집단행동을 할 가
능성이 없을 것이라 보았다. 십자가에 처형된 범죄자를 따를 어
리석은 사람이 있을까? 그러나 유대교 지도자들은 예수가 부활
했다는 소식이 떠돌면서 긴장하기 시작했다. 그것이 사실이 아
니기를 바랐을 것이다.

　제자들은 예수의 공생애 3년 동안 예수를 따라다니며 기적의

현장에 있었고 가르침도 받았지만 마지막까지도 예수를 그리스도로 확신하지 못했다. 한때 예수를 그리스도라 고백한 베드로도 마찬가지였다. 그는 예수가 체포되어 어려움을 당할 때 예수를 모른다고 세 번이나 부정했다. 예수가 십자가 처형을 선고받았을 때, 그리고 십자가를 지고 골고다로 걸어갈 때도 이 사건의 의미를 전혀 알지 못했다. 심지어 예수가 무덤에서 3일 만에 부활했을 때도 마찬가지였다. 바리새인도 부활을 믿기는 했지만 예수가 부활한 소식을 들었을 때 놀라고 두려워했다.

부활한 예수를 만나자 제자들도 그것을 부정할 수 없었다. 무엇인가 새로운 일에 대한 기대가 컸을지도 모른다. 그러나 부활 사건 후 40일이 지났을 때 제자들은 또다시 '승천(昇天)'이라고 하는 이해할 수 없는 상황에 직면했다. 결국 제자들의 궁금증은 폭발하고 말았다. 그들의 관심은 로마의 압제에서 신음하는 이스라엘의 회복이었기 때문에 승천 사건이 벌어지기 전에 무엇인가 극적인 반전을 기대했을지도 모른다. 다급해진 제자들이 예수에게 물었다.

주께서 이스라엘 나라를 회복하심이 이때니이까?

「사도행전」 1:6

• 예수 승천 기념 교회

십자가에 매달려 죽은 예수는 3일 만에 다시 부활했다. 그리고 부활 사건 후 40일이 지나서 하늘로 올라갔다. 예루살렘의 올리브산에는 예수 승천을 기념하는 교회가 세워져 있다. 아래 사진은 예수가 승천하면서 남긴 발자국으로 전해지는 '승천 바위'이다.

그러나 예수의 답변은 냉정했다.

때와 시기는 아버지께서 자기의 권한에 두셨으니 너희가 알바 아
니요, 오직 성령이 너희에게 임하시면 너희가 권능을 받고 예루살
렘과 온 유대와 사마리아와 땅끝까지 이르러 내 증인이 되리라.

「사도행전」 1:7-8

예수는 이 말을 마치고 하늘로 올라갔다고 「사도행전」은 전한
다. 제자들은 멍하니 하늘만 바라보고 있었다. 예수가 다시 온다
는 천사의 말을 듣고 제자들은 예루살렘으로 돌아와 예수가 말
한 대로 그들이 머물던 집의 '2층 방'에 120여 명이 함께 모여
"마음을 같이 하여 오로지 기도에 힘썼다"(「사도행전」 1:9-14).

오순절 성령으로 예루살렘 교회가 탄생하다

그것이 끝이 아니었다. 예수의 승천 후 열흘이 지난 오순절 날
성령이 강림하면서 예수를 메시아로 믿는 이른바 '예수 운동'이
퍼져나갔다.

『구약성경』에 따르면 오순절은 유월절(무교절), 초막절(수장절)과
함께 유대교에서 중요하게 기념하는 3대 절기 중 하나다. 이때

흩어져 있던 유대인들은 예루살렘 성전에 모여 하나님에게 제사를 올렸다. 『신약성경』에는 유월절로부터 50일째 되는 날이라 오순절이라 불렀지만, 『구약성경』에서는 추수절 또는 맥추절로 불렀다. 예수가 유월절에 십자가에 달렸고, 부활 후 40일 동안 이 땅에 머물다가 승천한 것으로 알려져 있어, 흥미롭게도 승천한 날부터 대략 열흘 뒤가 오순절인 셈이다.

「사도행전」에는 숨죽여 지내던 120여 명의 제자들이 묵고 있던 집 2층 방으로 올라가 한마음으로 기도에 힘썼는데, "홀연히 하늘로부터 급하고 강한 바람 같은 소리가 있어 그들이 앉은 온 집에 가득했다"고 기록되어 있다. 제자들은 성령으로 가득 차서 성령이 시키는 대로 각 나라 방언으로 말하게 되었다(「사도행전」 2:2-4).

당시 지중해 전역에서 예루살렘으로 온 유대인들은 자신의 나라 말(방언)로 예수의 제자들이 말하는 것은 보고 놀랐다. 어떤 이는 제자들이 새 술에 취했다고 비난했다. 이때 베드로가 사람들 앞에 나가서 그 유명한 오순절 설교를 통해 예수가 그리스도임을 증언하기 시작했다. 오순절 성령 강림은 예수의 탄생 못지않게 크리스트교 역사에서 새로운 전환점이 되었다.

03

당당해진 베드로의 설교

베드로가 열한 사도와 함께 서서 소리 높여 이르되 "유대인들과 예루살렘에 사는 모든 사람들아! 이 일을 너희로 알게 할 것이니 내 말에 귀를 기울이라. ……이스라엘 사람들아 이 말을 들으라. 너희도 아는 바와 같이 하나님께서 나사렛 예수로 큰 권능과 기사와 표적을 너희 가운데 베푸사 너희 앞에서 그를 증언하셨느니라. ……**그런즉 이스라엘 온 집은 확실히 알지니 너희가 십자가에 못 박은 이 예수를 하나님이 주와 그리스도가 되게 하셨느니라**" 하니라.

「사도행전」2:14, 22, 36

성령 강림 이후 제일 큰 변화는 제자들의 태도였다. 자타가 공인한 '수제자' 베드로는 예루살렘에 모인 사람들 앞에서 당당하게 설교했다. 그는 각 사람에게 회개하고 예수가 그리스도임을 믿으라고 권고했다. 흥미로운 점은 이 말에 많은 사람이 회개하고 구원받는 일이 시작되었다는 사실이다.

그들이 이 말을 듣고 마음에 찔려 베드로와 다른 사도들에게 물어 이르되 "형제들아 우리가 어찌할꼬." 하거늘 베드로가 이르되 **"너희가 회개하여 각각 예수 그리스도의 이름으로 세례를 받고 죄사함을 받으라.** 그리하면 성령의 선물을 받으리니 이 약속은 너희와 너희 자녀와 모든 먼 데 사람 곧 주 우리 하나님이 얼마든지 부르시는 자들에게 하신 것이라." 하고 또 여러 말로 확증하며 권하여 이르되 "너희가 이 패역한 세대에서 구원을 받으라." 하니 그 말을 받은 사람은 세례를 받으매 **이 날에 신도의 수가 삼천이나 더하더라.** 그들이 사도의 가르침을 받아 서로 교제하고 떡을 떼며 오로지 기도하기를 힘쓰니라.

「사도행전」 2:37-42

베드로가 옛 솔로몬 성전 행각에서 설교하다

이처럼 예수가 예루살렘에서 십자가에 달린 지 50여 일 만에 기적과 같은 일들이 일어났다. 예수가 한때 그러했듯이 예수를 따라다녔던 사도들도 진짜 기적을 일으키기 시작한 것이다. 베드로는 성전에 들어가다가 태어나면서부터 걷지 못하던 이를 "나사렛 예수의 이름으로 일어나라"라고 명령해서 실제로 걷고 뛸 수 있게 만들었다. 이에 놀란 사람들이 모여들자 베드로는 옛 솔로몬 성전 행각(솔로몬 주랑)에서 두 번째 연설을 했다. 기적이 예수의 능력이지 자신의 능력은 아니라는 것이 연설의 핵심이었다.

너희가 거룩하고 의로운 이를 거부하고 도리어 살인한 자를 놓아 주기를 구하여 생명의 주를 죽였도다. 그러나 하나님이 죽은 자 가운데서 그를 살리셨으니 우리가 그의 증인이라. 그 이름을 믿음으로 그 이름이 너희가 보고 아는 이 사람을 성하게 하였나니 예수로 말미암아 난 믿음이 너희 모든 사람 앞에서 이같이 완전히 낫게 하였느니라.

「사도행전」 3:14-16

이어서 베드로는 "하나님이 모든 선지자의 입을 통하여 자기

의 그리스도가 고난받으실 일을 미리 알게 하셨고", 이를 성취한
것이 십자가 사건이라고 말하며 "너희는 회개하고 돌이켜 너희
죄 없이 함을 받으라"고 강력히 권고했다(행 3:18-19). 이 같은 베
드로의 연설에 당시 유대교 지도자들은 강력하게 반발하고 다음
날 두 사람을 잡아 가두었다. 그날 관리와 장로와 서기관이 모여
있는 공회에서 심문을 당했지만, 베드로는 또다시 예수 그리스
도의 이름으로 앉은뱅이가 일어났다고 증언했다. 그리고 "다른
이로써는 구원을 받을 수 없나니 천하 사람 중에 구원을 받을 만
한 다른 이름을 우리에게 주신 일이 없다"(「사도행전」 4:12)고 앞으
로 선교 활동에서 강조된, 이른바 '예수 복음'을 당당하게 선포
했다.

　이로써 예수가 승천하면서 "성령이 너희에게 임하시면 너희
가 권능을 받고 예루살렘과 온 유대와 사마리아와 땅끝까지 이
르러 내 증인이 되리라"(「사도행전」 1:8)는 예언이 성취되었다. 또한
예수가 3년 동안 전한 가르침과 복음이 제자들을 통해 이어졌고,
이 과정에서 예수를 그리스도로 믿는 예루살렘 교회가 탄생했다.

04

스데반의 죽음을 마땅하게 여긴 바울

예루살렘 교회에서 시작된 예수 운동은 새로운 활기가 일어났다. 베드로의 오순절 설교로 3,000명이 회개하고 세례를 받았으며, 앉은뱅이를 일으킨 기적을 보거나 베드로의 설교를 듣고 5,000명이나 되는 남자들이 예수를 믿었다. 예루살렘 교회에서는 신자들이 한마음과 한뜻이 되어 모든 물건을 서로 나누고 자기 재산권을 주장하지도 않았다. 집이나 밭을 팔아 사도들 앞에 두면 사도들이 필요한 사람에게 나누어주기도 했다. 예루살렘 교회는 예수를 그리스도로 믿는 사람들의 사랑 공동체였다.

그러나 교회 안에 기쁜 일만 있었던 것은 아니다. 아나니아와 삽비라 부부가 재산을 팔아 사도들 앞에 두었는데, 일부를 감추는 바람에 베드로에게 크게 야단을 듣고 죽는 사건이 발생했다. 이 일로 모든 교회가 크게 두려워했다.

교회 안에서 헬라파 유대인과 히브리파 유대인 사이에 구제하는 일로 분파가 생겨 서로 원망하는 일도 벌어졌다. 이에 히브리파 유대인을 대표한 열두 사도는 헬라파 유대인 가운데 교회 사무를 담당할 지혜와 믿음이 있는 집사 일곱 명을 선택해 상호 타협에 이르게 했다. 교회 내부 문제가 해소되자 "하나님의 말씀이 점점 왕성하여 예루살렘에 있는 제자의 수가 더 심히 많아지고 허다한 제사장의 무리도 이 도에 복종"하게 되었다(「사도행전」 6:7).

스데반, 최초의 크리스트교 순교자가 되다

빌립, 니골라 등과 함께 일곱 집사 가운데 하나인 스데반은 하나님의 은혜로 큰 기적을 행했고, 여러 유대인과 논쟁을 벌여 반대파의 입을 막았다. 하지만 그를 비난하는 사람들이 스데반이 모세와 하나님을 모독했다며 공회에 고소했고, 거짓 증인을 내세워 스데반이 계속 예루살렘 성전과 모세 율법에 거스르는 말을 했다고 증언하게 했다. 대제사장이 스데반에게 자신을 변호할 기회를 주었다. 그러자 스데반은 여러 종교 지도자 앞에서 아브라함을 시작으로 이스라엘의 역사를 개관하고 역사 속에서 하나님에게 불순종했던 조상들을 열거하며 의인 예수를 잡아 죽이는 데 동조한 무리를 다음과 같이 비판했다.

> 목이 곧고 마음과 귀에 할례를 받지 못한 사람들아! 너희도 너희 조상과 같이 항상 성령을 거스르는도다. 너희 조상들이 선지자들 중에 누구를 박해하지 아니하였느냐. 의인이 오시리라 예고한 자들을 그들이 죽였고, 이제 너희는 그 의인을 잡아준 자요 살인자가 되나니.
>
> 「사도행전」 7:51-52

스데반은 결국 예수가 의인이었다고 증언하다가 돌에 맞아 순교했다. 순교의 현장에서 돌을 들어 치는 사람들의 옷을 맡았던 사람이 바울이었는데, 그는 스데반의 돌 세례 처형을 '마땅한 일'로 여겼다. 바울 역시 당시에는 예수 운동에 결사적으로 반대했다. 스데반의 순교는 곧 대박해로 이어졌다. 예수 운동은 예수가 십자가에 처형되었을 때와 마찬가지로 또다시 위기에 직면했다.

그날에 예루살렘에 있는 교회에 큰 박해가 있어 사도 외에는 다

- **스데반 순교 기념 동굴**
  스데반은 예수가 의인이었다고 증언하다가 돌에 맞아 순교했다. 예루살렘의 올리브산에는 스데반 기념
  교회 아래 스데반 순교 기념 동굴이 위치해 있다.

유대와 사마리아 모든 땅으로 흩어지니라. 경건한 사람들이 스데

반을 장사하고 위하여 크게 울더라. 사울(바울)이 교회를 잔멸할

새 각 집에 들어가 남녀를 끌어다가 옥에 넘기니라.

「사도행전」 8:1-3

웬만한 서양 남자의 이름은
예수의 열두 제자 이름이다!

서양 남자들의 이름을 주의 깊게 살펴본 적이 있는가? 유명인이
든 일반인이든 어째 비슷한 이름을 쓰고 있는 것 같다. 예를 들
어, 영어권에서 제임스(James), 존(John), 필립(Philip), 폴(Paul) 등은
너무도 흔하고 익숙한 이름이다. 우리나라에서 대표적으로 흔한
이름인 철수와 영희처럼 말이다. 물론 요즘은 철수와 영희가 흔
한 이름은 아니지만.

　그런데 왜 서양 남자들은 같은 이름을 계속해서 쓰고 있는 것
일까? 지금 흔하게 쓰는 이름은 오랜 옛날에도 많이 사용되었
다. 특별한 이유가 있지 않을까? 바로 서양이 역사적으로 크리
스트교 문화가 우세한 지역이었기 때문이다. 그렇다면 크리스트
교와 서양 남자 이름은 무슨 상관이 있을까? 서양에서는 예부터
세례를 받으면 세례명을 받았는데, 그 이름은 주로 예수의 제자

(사도 또는 성인으로도 불림)나 사도 바울의 이름을 빌려왔다. 또 굳이 세례명이 아니더라도 일반적인 이름 역시 예수의 제자에게서 따왔다.

　서양도 나라마다 언어가 다르듯 같은 사람의 이름도 발음이 다르다. 예컨대, 예수의 수제자로 일컬어지는 베드로는 영어로는 피터, 프랑스어는 삐에르, 러시아어는 표트르라고 하는 식이다. 동화 속 주인공 피터 팬과 러시아의 황제는 표트르 대제는 결국 같은 이름이다! 세계사 속에 등장하는 유명한 인물들도 대다수가 예수의 제자들과 이름이 같다. 표트르(베드로) 대제를 비롯해 잉글랜드 왕 제임스(야고보) 1세, 천문학자 요하네스(요한) 케플러, 계몽주의 사상가 장(요한) 자크 루소, 스페인 왕 펠리페(빌립) 2세 등 그 예는 헤아릴 수 없이 많다.

　재미있는 사실은 도시 이름에도 제자의 이름이 들어갔다는 것이다. 브라질의 주도 상파울로(바울), 러시아의 도시 상트페테르부르크(베드로), 칠레의 수도 산티아고(야고보) 등이 이에 해당한다. 이 밖에도 예수 제자들이 남긴 흔적은 서양 문화와 역사 속에 넓고 깊숙이 퍼져 있다. 이러한 사례들을 하나하나 찾아보는 것만으로도 꽤 흥미로운 역사 공부가 될 것이다.

한글 『성경』		베드로	야고보	요한	빌립	바울
	개신교	베드로	야고보	요한	빌립	바울
	가톨릭	베드로	대야고보	요한	필립보	바오로
헬라어		페트로스	야코보스	요아네스	필립포스	파울로스
라틴어		페트루스	야코부스 마이오르	요아네스	필립푸스	바울루스
영어		피터	제임스	존	필립	폴
이탈리아어		피에트로	지아코모 일 마죠레	지오반니	필리포	파울로
프랑스어		삐에르	자끄 르 마조	쟝	필리쁘	뽈
히스파니아어		페드로	산티아고 엘 마요르	후안	펠리페	파블로
독일어		페트루스	이야코부스	요하네스	필리푸스	파울루스
러시아어		표트르	아이콥 제베데예프	이오안느	필리프	파벨

• **예수의 주요 제자와 사도 바울 외래어 한글 음역 표기**

우리말로 잘못 번역된 『성경』의 용어를 알아보자

다락방

마가의 다락방은 예수가 제자들과 최후의 만찬을 했던 곳(「마가복음」 14:15, 「누가복음」 22:12)이자, 승천 이후 120여 명의 제자들이 모여 기도할 때 성령이 임했던 장소이다(「사도행전」 1:13). 이곳은 마가의 어머니 마리아의 집 2층의 넓은 방으로, 초기 크리스트교도들의 모임 장소로도 사용된 역사적 현장이었다. 그런데 개역개정판 『성경』에서 '코이나쿨룸(Coenaculum)'을 '다락(방)'으로 번역하는 바람에 실상을 잘 반영하지 못하고 있다. 다락은 원래 옛 한옥에 있는 안방에서 작은 문으로 연결된 부엌 위쪽 공간을 말한다. 주로 과일이나 그릇 등을 보관하는 좁은 공간이라서, 예수와 열두 제자가 최후의 만찬을 했다든지, 120여 명이 들어가 기도했다고 하면 잘 이해가 되지 않는다.

• 최후의 만찬 기념 교회

'마가의 다락방'은 최후의 만찬과 크리스트교도의 모임 장소로 유명하다. 사진에 나오는 장소는 최후의 만찬이 행해진 장소로 추정되는 유적이다.

　'코이나쿨룸'은 고대 팔레스타인을 비롯한 서아시아 지역에서 흔히 볼 수 있던 큰 집 2층의 모임을 위한 넓은 공간을 뜻한다. 다락방 대신 '이층 방'(공동번역 『성경』)이나 '위층 방'(가톨릭 『성서』)으로 번역하는 것이 바람직해보인다. 현재 최후의 만찬 장소로 알려진 곳은 390년에 시온산 교회로 사용한 공간이었다.

감람산

예루살렘 성전을 중앙에 두고 동쪽에 올리브산, 서쪽에 시온 산이 자리하고 있다. 예수가 잡히기 전에 기도하던 겟세마네동 산은 올리브산 아래쪽이고, 오늘날도 올리브 나무가 숲을 이루 고 있으며 겟세마네 기념 교회가 서 있다.

올리브산을 개역개정판 『성경』에서는 감람산(「마가복음」 11:1, 13:3, 「누가복음」 19:37, 22:39)으로 번역하였다. 그런데 올리브 나무 (Olea europaea)는 물푸레나무과에 속하고 감람나무(Canarium album)

• **겟세마네 기도 기념 교회**
예수는 잡히기 전날 밤에 겟세마네동산에 가서 기도를 올렸다. 올리브산 아래쪽에는 예수의 겟세마네 기도를 기념하는 교회가 세워져 있다.

는 감람과(橄欖科)에 속해 식물학적으로는 엄연히 다른 나무이다. 동아시아 지역에서 나는 감람나무의 씨앗과 올리브가 비슷하게 생겨서 이런 오역이 나왔다. 「사도행전」 1:12에는 "제자들이 감람원이라 하는 산으로부터 예루살렘에 돌아오니……" 여기서 감람원이라는 산은 올리브산으로 번역해야 한다.

예수 믿는 사람들을 체포하기 위한 '체포 영장'을 가지고 다마스코스로 가던 바울은 길을 가다가 뜻하지 않은 경험을 하게 된다. 갑자기 하늘로부터 내려오는 빛에 둘러싸이면서 땅에 엎드려졌고, 하늘에서 들려오는 예수의 음성을 들은 것이다. 바울 인생의 '대역전극'의 시작이었다. 직접 예수의 음성을 들은 바울은 예수가 그리스도임을 확신했을 뿐만 아니라, 이를 증언하는 선교사로 변신했기 때문이다. 예수 믿는 사람들을 탄압하던 바울이 앞장서서 예수를 알리는 선교사가 된 것은 기적이나 다름없었다.

다마스코스의 유대인들은 황당해하며 바울을 죽이려 공모했다. 예수의 제자들도 그의 회심을 믿지 않았고, 스데반을 죽이는 데 나섰던 헬라파 유대인들도 그를 죽이려 했다. 이런 상황에서 바울의 회심을 이해하고 도움을 준 사람이 바나바였다. 바나바는 바울을 예루살렘 교회 지도자들에게 소개했고, 신변 안전을 위해 타르소스에 가 있던 바울을 안티오키아 교회로 오게 해 소아시아로 제1차 선교 여행을 함께 다녀왔다.

제3장

바울의 회심과 아시아 선교

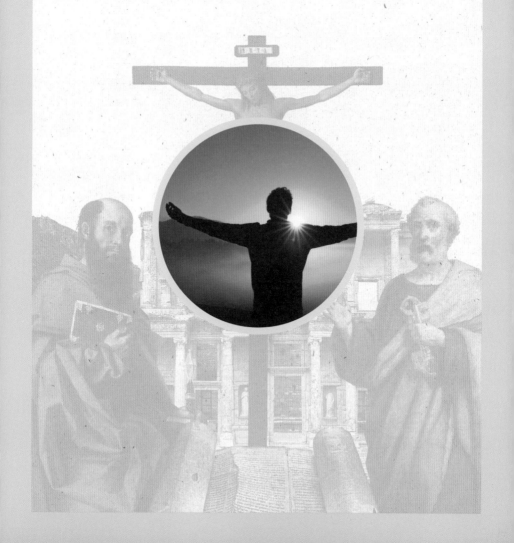

01

다마스코스로 가는 길에 예수의 음성을 듣다

예수를 믿기 전 바울은 자신의 믿음에 따라 행동하는 강직한 성품의 소유자였다. 그는 스데반의 순교를 마땅한 것으로 여겼고, 예루살렘뿐만 아니라 북쪽으로 260여 킬로미터 떨어진 다마스코스까지 가서 예수 믿는 사람들을 잡아오려 할 정도로 열심 있는 유대교 광신자였다. 그러나 다마스코스에 거의 이르렀을 때 전혀 예상치 못한 예수와의 극적인 만남을 경험한다. 길을 가는 도중 갑자기 하늘에서 빛이 내려와 바울을 둘러 비췄고, 결국 그는 땅에 엎드러지고 말았다.

그때 하늘에서 음성이 들렸다.

"사울(바울)아, 사울아, 네가 왜 나를 박해하느냐?"

"당신은 누구십니까?"

"나는 네가 박해하는 예수다. 일어나서 시내로 들어가라. 네가 해야 할 일을 일러줄 사람이 있을 것이다."

이것이 크리스트교 역사에 큰 영향을 끼친, 짧지만 강렬했던

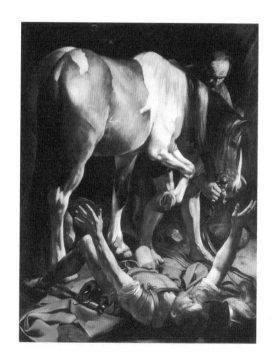

• **바울의 회심**

1600~1601년 이탈리아의 화가 카라바조가 바울의 회심 장면을 묘사한 그림이다. 바울은 다마스코스로 가는 길에 갑자기 하늘에서 빛이 내려와 땅에 엎드러지고 말았다. 바울은 하늘에서 들리는 음성을 듣고 그 자리에서 회심했다.

'바울과 예수의 만남'이었다. 땅에 엎드러진 바울은 눈은 떴지만 아무것도 볼 수 없었고, 다른 사람의 손에 이끌려 다마스코스로 들어갔다. 그는 먹지도 마시지도 못한 채 사흘을 보냈다. 그동안 바울은 무슨 생각을 했을까? 아마도 예수가 그에게 했던 "너는 일어나 시내로 들어가라. 네가 행할 것을 네게 이를 자가 있느니라"(「사도행전」 9:6)라는 말의 의미를 생각했을 것이다. 무슨 일을 행하라는 것인가? 지금까지 예수 믿는 사람을 박해한 자신에게 무슨 일을 행하라는 것인가?

한편 같은 시기 다마스코스에 있던 제자 아나니아의 환상 속에 예수가 나타나 바울에게 가서 기도해주라고 명령을 내렸다. 아나니아는 의아했다. 바울이 예루살렘에서 예수 믿는 사람들을 박해하고 그것도 모자라 다마스코스까지 그 일을 하려고 온 사람인데 어떻게 가서 축복하느냐고 물었다. 그때 예수는 다음과 같이 말했다.

가라. **이 사람은 내 이름을 이방인과 임금들과 이스라엘 자손들에게 전하기 위하여 택한 나의 그릇이다.** 그가 내 이름을 위하여 그가 얼마나 고난을 받아야 할 것을 내가 그에게 보이리라.

「사도행전」 9:15-16

아나니아가 바울을 만나 머리에 손을 얹고 기도하니 바울의 눈에서 비늘 같은 것이 떨어지고 다시 보게 되었다. 그는 한 순간에 예수는 그리스도라는 진리를 깨닫게 되었다. 즉시 세례를 받은 바울은 다시 음식을 먹고 새 힘을 얻었다. 바울의 새로운 인생이 시작되는 순간이었다.

바울, 회심 후 다마스코스와 아라비아에서 선교하다

바울은 본래 옳다고 믿으면 물불 가리지 않고 실천하는 행동가였다. 그는 지체하지 않았다. 다마스코스에 있는 제자들과 며칠 동안 함께 지낸 뒤에 즉시 선교 활동에 나섰다.

> 즉시로 각 회당에서 **예수가 하나님의 아들이심**을 전파하니……
> 사울(바울)은 힘을 더 얻어 **예수를 그리스도라** 증언하여 다메섹(다마스코스)에 있는 유대인들을 당혹하게 하니라.
>
> 「사도행전」 9:20, 22

바울의 회심은 다마스코스에 있는 제자들은 물론이고 예수에 반대하던 유대인들도 혼란에 빠뜨렸다. 예루살렘에서 강력한 '구원군'이 오는 것을 학수고대했는데, 오다가 '반군'에 가담한 셈이다.

유대인들에게 예수는 자신의 정체성을 뿌리째 흔드는 '공적
(公敵)'이었다. 만일 예수가 그리스도, 즉 메시아라면 자신들은 메
시아를 십자가에 못 박은 죄인이 되기 때문이다. 예수를 그리스
도로 믿거나 바울을 죽이거나 둘 중 하나를 선택해야 했다. 결국
'우군'에서 '반군' 진영으로 넘어간 바울을 그대로 둘 수 없었다.
성벽을 지키며 그가 나오기만을 기다렸다. 그러나 바울은 유대
인들이 자기를 죽이려 한다는 소식을 듣자 밤에 성벽으로 바구
니를 타고 피신했다. 바울은 아라비아로 가서 얼마동안 지내다
가 다마스코스로 돌아왔고, 나중에 예루살렘으로 간 것으로 전
해진다.

> 다메섹에서 아레다 왕의 고관이 나를 잡으려고 다메섹 성을 지켰
> 으나 나는 광주리를 타고 들창문으로 성벽을 내려가 그 손에서
> 벗어났노라.
>
> 「고린도후서」 11:32-33

내가 내 동족 중 여러 연갑자들보다 유대교를 지나치게 믿어 내
조상의 전통에 대하여 더욱 열심히 있었으나 그러나 내 어머니의

태로부터 나를 택정하시고 그의 은혜로 나를 부르신 이가 그의 아들을 이방에 전하기 위하여 그를 내 속에 나타내시기를 기뻐하였을 때에 내가 곧 혈육과 의논하지 아니하고 또 나보다 먼저 사도된 자들을 만나려고 예루살렘으로 가지 아니하고 아라비아로 갔다가 다시 다마섹으로 돌아갔노라. 그 후 3년 만에 내가 게바(베드로)를 방문하려고 예루살렘에 올라가서 그와 함께 십오일을 머무는 동안 예수의 형제 야고보 외에 다른 사도들은 보지 못하였노라.

「갈라디아서」 1:14-19

바울은 아레다 왕(재위: 기원전 9~기원후 40)이 다스리던 다마스코스 동남쪽에 있는 아라비아(나바타이아 왕국)로 피해 선교 활동을 한 것으로 추정된다.

회심 후 바울의 제1차 예루살렘 방문

이후 아라비아에서 다마스코스로 돌아온 바울은 회심 후 3년 만에 베드로를 방문하려고 예루살렘으로 갔다(제1차 예루살렘 방문). 그는 보름 동안 베드로와 함께 보냈는데, 그때 야고보도 만났던 것으로 전해진다.

제3장 바울의 회심과 아시아 선교

3년 만에 바울이 크리스트교도가 되어 예루살렘으로 돌아왔을 때 유대인들의 반대는 예상했던 일이다. 특히 스데반 순교에 앞장선 헬라파 유대인들은 바울이 예루살렘에 와서 "주 예수의 이름으로 담대히 말하자" 그와 논쟁을 벌였다. 그러나 스데반과의 논쟁에서 졌듯이 말로는 바울을 이기지 못하자 그를 죽이려 했다(「사도행전」9:29).

예루살렘 교회 지도자들도 스데반을 죽이는 데 동조했던 바울의 회심을 처음에는 믿지 않았다. 오로지 바나바만 바울의 회심을 인정하고 예루살렘 교회 지도자들에게 그를 안내했다. 하지만 지도자 중 일부만 바울을 인정했고 예수의 많은 제자들은 반응이 냉담했다. 한편 예수 복음 자체를 반대한 유대인들은 그를 죽이려 했다.

이처럼 3년여의 시간이 흘렀음에도 예루살렘에서조차 신변 안전이 보장되지 않자, 바울을 따르는 사람들은 그를 카이사리아를 거쳐 고향 타르소스로 보냈다. 그가 타르소스에서 어떻게 생활했는지 우리는 알 수 없다. 다마스코스에서 즉시 전도 활동을 했듯이 고향에서도 예수가 그리스도임을 전하면서 생활하지 않았을까.

02

바나바와 함께 안티오키아 교회를 일으키다

예루살렘에서 일어난 스데반의 순교와 뒤이어 발생한 크리스트교도 박해는 오히려 복음이 예루살렘과 온 유대와 사마리아를 넘어 밖으로 퍼져나가는 계기가 되었다. 박해를 피해 흩어진 사람들이 페니키아(베니게), 키프로스, 안티오키아까지 퍼지며 복음을 전했기 때문이다. 여러 지역으로 흩어진 신자들은 처음에는 유대인에게만 복음을 전했다. 그러나 키프로스와 키레네(구레네) 출신들이 안티오키아에서 헬라인에게도 복음을 전했고, 수많은 사람들이 예수를 믿게 되었다.

이방인 선교의 '본부'가 된 안티오키아 교회

안티오키아는 알렉산드로스 대왕의 부하 장군인 안티오코스의 이름을 따서 세운 도시였다. 기원전 323년 알렉산드로스 대왕이 33세의 젊은 나이에 죽자 대제국은 부하 장군들에게 분할되었는데, 시리아와 소아시아에서는 안티오코스의 아들 셀레우코스 1세가 새 왕조를 열었다. 로마 제국 시기에 시리아 속주의 수도였던 안티오키아는 바울이 활동할 즈음 60만 명 정도가 거주하는 대도시였다. 동부 지중해 세계에서 알렉산드리아 다음으로 컸다.

안티오키아 주민은 주로 마케도니아의 퇴역 군인, 아테네(아덴)에서 온 헬라인, 그리고 유대인으로 구성되었는데, 특히 셀레우코스 1세의 이주 정책으로 일곱 명 가운데 한 명이 유대인이라고 할 정도로 많은 유대인이 이곳에 정착해 살고 있었다. 예루살렘에서 안티오키아로 박해를 피해 들어온 신자들이 이방인인 헬라인에게도 복음을 전파하자, 교회는 나날이 성장하기 시작했다.

양적 성장뿐만이 아니었다. 이때 처음으로 유대인과 이방인(주로 헬라인)이 함께 예수를 그리스도로 믿는 (시리아의) 안티오키아 교회가 탄생했다. 이제 예루살렘 교회와 다른, 새로운 유형의 교회가 탄생한 것이다. 안티오키아 교회는 유대인과 이방인이 함께 모인 공동체였고, 장차 지중해 선교의 교두보가 되었다. 안티오키아 교회가 부흥하는 것을 본 예루살렘 교회는 바나바를 파견해 그 교회를 지도하게 했다.

바울의 '멘토' 바나바

바나바는 예루살렘 교회의 초기 지도자 중 하나로 키프로스에서 태어난 레위족 출신 유대인이었다(「사도행전」 4:36). 예루살렘 교회에서는 신자들이 서로 물건을 통용하고 재물도 나누며 형제애를 돈독히 했다. 바나바 역시 밭을 팔아 교회에 바쳤고, '위로의 아들'이라는 뜻의 바나바라는 이름을 얻었다. 그 이름에 걸맞게 성품이 "착한 사람이요 성령과 믿음이 충만한 사람이었다"(「사도행전」 11:24).

바울이 회심한 뒤 3년 만에 예루살렘에 왔을 때, 예루살렘 교회에서 신망이 두터웠던 바나바는 바울이 사도들과 교제할 수 있도록 도와주었다. 두 사람의 만남이 어떻게 시작되었는지는 알 수 없다. 다만 고향이 오늘날 터키 남동부의 킬리키아(바울의 고향)와 키프로스섬(바나바의 고향)이었다는 사실에 근거해 보면, 두 사람은 디아스포라 유대인 출신이라는 공통점이 있다. 또 예루살렘에서 가말리엘 문하에서 공부할 때 '헬라파 유학파'로서 가까워졌을 가능성이 크다.

예수 믿는 사람들이 '크리스트교도'로 불리다

바나바는 45년경 안티오키아 교회에 부임하자마자 직접 타르소스로 가서 바울을 데려왔다. 회심한 뒤에 보여준 선교에 대한 바울의 열정을 높게 평가했던 것 같다. 두 사람은 1년 동안 서로 협력해 선교 활동에 전념하며 안티오키아 교회를 부흥시켰다. 안티오키아에서 처음으로 예수 믿는 사람들을 '크리스트교도(개역개정판 『성경』에는 '그리스도인'으로 번역됨)'라 부르게 되었다(「사도행전」 11:26). 안티오키아에서 민족의 장벽을 넘어서는 '진정한 의미의 크리스트교회'가 탄생한 것이다.

예루살렘 교회가 수난을 당하다

그즈음 예루살렘 교회는 두 가지 어려움에 직면했다. 하나는 크리스트교도가 늘어가면서 유대인들의 반대가 거세지고 그들의 환심을 사기 위해 헤롯 아그리파(재위: 41~44)가 박해를 시도한 것이다. 스데반 순교 때는 주로 헬라파 크리스트교도들이 박해 대상이었다면, 이번에는 히브리파 크리스트교도, 특히 예수의 직계 제자인 교회 지도자들이 희생되었다. 헤롯 아그리파는 먼저 사도 요한의 형제 야고보를 죽였고, 이로 인해 야고보는 열두 제자 가운데 최초의 순교자가 되었다. 유대인들이 기뻐하자 헤롯 아그리파는 베드로마저 체포해 감옥에 가두게 했다.

이제 예루살렘 교회는 예수의 친형제인 야고보가 이끌게 되었다. 베드로가 천사의 도움으로 감옥에서 풀려나자 예수의 제자들이 모여 있던, "마가라 하는 요한의 어머니 마리아의 집"(「사도행전」 12:12)으로 갔다. 그는 거기서 제자들에게 자신이 풀려난 소식을 알리고 박해를 피해 다른 곳으로 갔다. 이후 베드로의 거취에 관해 알려진 바는 없지만 안티오키아로 갔을 것으로 추정하고 있다. 헤롯 아그리파의 박해는 오래가지 못했다. 얼마 지나지 않아 "주의 사자가 곧 치니 벌레에게 먹혀 죽었기" 때문이다(「사도행전」 12:23).

안티오키아 교회가 예루살렘 교회에 도움의 손길을 보내다

또 다른 어려움은 클라우디우스 황제 때인 기원후 44년부터 48년까지 유대 지방에 흉년이 계속되어 식량 부족 사태가 발생한 것이다. 예루살렘 교인들이 궁핍하다는 소식이 안티오키아까지 전해졌고, 이 소식을 들은 안티오키아 교인들은 46년경 각자 형편에 따라 구제 헌금을 모아 바나바와 바울에게 전달하게 했다. 이번이 바울의 두 번째 예루살렘 방문이었다. 바울은 바나바와 함께 헬라인 디도를 데리고 예루살렘에 올라갔다. 경제적 어려움을 당한 예루살렘 교회 형제들에게 안티오키아 교회가 도움의 손길을 베푼 것은 교회가 그리스도를 머리로 하는 한 몸이라는 생각을 확인하는 좋은 실례가 되었다. 바울의 두 번째 예루살렘 방문으로 예루살렘 교회와 안티오키아 교회의 관계가 돈독해졌다.

도리어 그들은 내가 무할례자에게 복음 전함을 맡은 것이 베드로가 할례자에게 복음을 전하게 함과 같은 것으로 보았고, 베드로에게 역사하사 그를 할례자의 사도로 삼으신 이가 또한 내게 역사하사 나를 이방인의 사도로 삼으셨느니라. 또 기둥과 같이 여기는 야고보와 게바와 요한도 내게 주신 은혜를 알므로 나와 바나바에게 친교의 악수를 하였으니 우리는 이방인에게로, 그들은 할례자에게 가게 하려 함이라. 다만 우리에게 가난한 자를 기억하도록 부탁하였다.

「갈라디아서」 2:7-10

나아가 두 교회 지도자들 사이에 각각 '유대인 선교'와 '이방인 선교'라는 역할 분담과 타협이 이루어졌고, 예루살렘 교회와 안티오키아 교회는 서로 돕는 관계로 발전해나갈 수 있었다. 제3차 선교 여행을 마친 바울 일행이 기근과 가난에 허덕이는 예루살렘 형제들을 위해 다시 마케도니아(마게도냐)와 코린트(고린도)교회에서 모금한 성금을 전달하고자 예루살렘을 방문했을 때도 공동체 의식을 확인할 수 있었다. 바나바와 바울은 모금한 성금을 전달하고 마가를 데리고 안티오키아로 돌아왔다.

제3장 바울의 회심과 아시아 선교

03

지중해 동부에 전파된 복음(제1차 선교 여행)

안티오키아 교회도 신자가 늘어나면서 예루살렘 교회처럼 체계를 갖추기 시작했다. 그곳에 선지자들과 교사들을 포함해 다섯 명의 교회 지도자가 있었다. "바나바와 니게르라 하는 시므온과 구레네(키레네) 사람 루기오와 분봉왕 헤롯(재위: 기원전 4~기원후 39)의 젖동생 마나엔 그리고 사울"(「사도행전」 13:1)이 바로 그들이었다. 소개한 순서로 보면 사울(바울)의 위상이 낮았음을 알 수 있다.

이런 상황에서 기원후 46년경 "성령이 이르시되 내가 불러 시키는 일을 위하여 바나바와 사울을 따로 세우라 하시니 이에 금식하며 기도하고 두 사람에게 안수하여 보냈다"(「사도행전」 13:1-3).

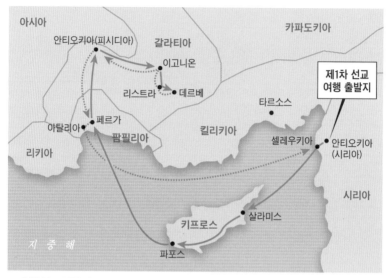

아시아

안티오키아(피시디아)　　갈라티아

이고니온

리스트라　데르베

카파도키아

타르소스

**제1차 선교
여행 출발지**

아탈리아　페르가

리키아　　팜필리아

킬리키아

셀레우키아

안티오키아
(시리아)

시리아

지 중 해

키프로스　살라미스

파포스

- **제1차 선교 여행 경로**

   제1차 선교 여행은 바나바의 주도 아래 바울이 동행하는 형식으로 이루어졌다. 기원후 47년부터 49년까지 약 2년 동안 무려 2,200여 킬로미터를 이동했다.

제1차 선교 여행의 지도자는 바나바였다. 선교지 선정과 여행 계획이 바나바의 주도로 이루어졌고 바울은 일종의 '부지도자'였다. 마가와 디도도 이들과 동행했다.

첫 번째 선교지 키프로스에서 바울의 시대가 열리다

안티오키아를 떠난 바나바 일행은 셀레우키아(실루기아) 항구에서 배를 타고 첫 선교지 키프로스의 살라미스(살라미)에 내렸다.

살라미스는 바나바의 고향이었다. 이들은 먼저 유대인의 여러 회당을 찾아 하나님의 말씀을 전했다. 섬을 가로질러 남서쪽으로 이동해 파포스(바보)에 이르렀는데, 총독 서기오 바울을 보좌하는 마술사 엘루마의 책동으로 바울이 붙잡혀 채찍질을 당했다는 전승이 있다. 그러나 총독 서기오 바울은 하나님의 말씀에 관심을 보였기에 바울은 총독에게 복음을 전할 기회를 얻었다. 그럼에도 엘루마가 계속 방해하자 마침내 바울이 나서서 그를 저주하고 눈이 멀게 하는 기적을 행했다.

> **바울**이라고 하는 **사울**이 성령이 충만하여 그(엘루마)를 주목하고 이르되 "모든 거짓과 악행이 가득한 자요 마귀의 자식이요 모든 의의 원수요 주의 바른 길을 굽게 하기를 그치지 아니하겠느냐."
>
> 「사도행전」 13:9-10

엘루마를 맹인으로 만든 이 사건은 두 가지 점에서 이후 선교 활동의 분위기를 바꾸어놓았다. 첫 번째는 이때부터 히브리식 이름인 사울 대신 헬라식 이름인 바울이 등장하고, 이후『신약성경』에서 그는 계속 바울로 불리게 되었다는 것이다. 두 번째는 이때부터 '바울과 바나바', 즉 바울을 앞에 쓰고 바나바를 뒤

- **바울이 채찍을 맞은 기둥 유적**

  바울은 키프로스섬의 파포스에서 총독 서기오 바울에게 붙잡혀 채찍질을 당했다. 지금도 바울이 채찍을 맞을 때 묶였던 기둥이 남아 있다.

에 쓰면서 선교 활동이 바울 중심으로 전개되는 양상을 보였다는 것이다. 이러한 선교단 내부의 변화는 바울과 바나바 일행이 파포스에서 배를 타고 북상하여 팜필리아(밤빌리아)에 있는 페르가(버가)로 도착했을 때 나타난다. 마가가 갑자기 선교를 중단하고 예루살렘으로 돌아간 것이다.

마가, 갑자기 예루살렘으로 돌아가다

마가가 갑자기 예루살렘으로 돌아간 이유에 관해서는 자세히 알려져 있지 않다. 부유한 가정에서 자란 그가 앞으로 전개될 선교 활동의 어려움이 예상되자 중도에 포기하고 집으로 돌아갔다는 해석이 있다. 그러나 이것은 너무 단순한 해석이다. 오히려 선교단의 리더십을 둘러싼 갈등을 원인으로 보는 것이 더 합리적이다. 바울이 선교 지도자처럼 행동하는 것에 마가가 불만을 표시한 것일 수도 있다. 바나바의 조카인 마가는 바울이 외삼촌 바나바의 권위를 무시하고 자신이 갑자기 지도자가 된 것처럼 나선 것을 못마땅하게 생각했을지 모른다. 이후 제2차 선교 여행에서 바울과 바나바가 다투다가 서로 갈라서는 원인이 마가의 사건과 관련이 있을 수 있다.

어쨌든 바울 일행의 선교 활동은 계속되었다. 그들은 페르가에서 피시디아 안티오키아(비시디아 안디옥)로 이동해 회당에서 복음을 전했다. 피시디아 안티오키아는 시리아 안티오키아와는 다른 도시로, 터키 중심부 피시디아 지역에 위치해 있었다.

피시디아 안티오키아 회당에서 복음을 전하다

피시디아 안티오키아에서 바울은 먼저 유대인의 회당을 찾아갔다. 당시 지중해 세계 곳곳에 흩어져 살던 유대인들은 메시아가 와서 이스라엘을 로마의 압제에서 구해주기를 열망하고 있었다. 바울과 바나바는 그들에게 예수 복음, 즉 예수가 바로 그 메시아(그리스도)라고 전했다. 예수는 유대인의 나라를 외세로부터 해방시키는 지도자가 아니라 인간을 죄에서 구원하는 구세주이고, 예수를 그리스도로 믿으면 구원을 얻는다고 전한 것이다. 이러한 복음을 유대인 중 일부는 수용했지만 많은 유대인은 비방하고 나섰다.

> 그들이 나갈새 사람들이 청하되 "다음 안식일에도 이 말씀을 하라" 하더라. 회당의 모임이 끝난 후에 유대인과 유대교에 입교한 경건한 사람들이 많이 바울과 바나바를 따르니 두 사도가 더불어 말하고 항상 하나님의 은혜 가운데 있으라 권하니라. 그 다음 안식일에는 온 시민이 거의 다 하나님의 말씀을 듣고자 모이니 유대인들이 그 무리를 보고 시기가 가득하여 바울이 말한 것을 반박하고 비방하거늘 바울과 바나바가 담대히 말하여 이르되, "하나님의 말씀을 마땅히 먼저 너희에게 전할 것이로되 너희가 그것을 버리고 영생을 얻기에 합당하지 않은 자로 자처하기로 우리가 이방인에게로 향하노라."

> 「사도행전」 13:42-46

피시디아 안티오키아에서 유대인들의 반감을 경험한 바울은 이방인 선교사로서 자신의 사명을 더욱 일깨우게 되었다. "이방인들이 듣고 기뻐하여 하나님의 말씀을 찬송하며 영생을 주시기로 작정된 자는 다 믿었고, 주의 말씀이 그 지방에 두루 퍼진" 반면, 반대하는 유대인들은 경건한 귀부인과 그 시내 유력자를 선동해 바울과 바나바를 그 지역에서 쫓아냈다(「사도행전」13:48-50). 바울과 바나바는 이코니움(이고니온, 오늘날 터키의 콘야), 리스트라(루스드라)와 데르베(더베) 등에서 같은 방식으로 복음을 전했는데, 유대인과 헬라인의 많은 무리가 믿었지만 반대자들은 더 심하게 박해했다. 루스드라에서는 돌에 맞아 바울이 거의 죽을 뻔한 경우도 있었다.

제1차 선교 여행은 어떤 의미를 지니는가?

그러나 바울은 굴복하지 않고 자신을 박해한 데르베, 리스트라, 피시디아 안티오키아를 재방문했고, 아탈리아(앗달리아) 항구를 거쳐 배를 타고 안티오키아로 돌아왔다. 안티오키아 교회에서 바울과 바나바는 "하나님이 함께 행하신 모든 일과 이방인에게 믿음의 문을 여신 것을 보고하고"(「사도행전」14:27), 제1차 선교 여행을 마무리했다.

제1차 선교 여행은 예루살렘과 온 유대와 사마리아와 땅끝까지 복음을 전하라는 예수의 명령에 따라 소아시아의 동부 지역으로 전파되었다는 점에서 중요한 사건이다. 회당을 중심으로 유대인에게 먼저 복음이 전해졌지만 유대인들의 맹렬한 반대에 직면하자 이방인들에게도 복음이 전해지면서 새로운 역사의 장이 펼쳐지고 있었다.

　오순절 성령 강림부터 제1차 선교 여행 전까지는 예루살렘 교회를 중심으로 예수를 따르던 사도들과 예루살렘에 살던 유대인들, 그리고 명절을 지키려 예루살렘에 왔던 디아스포라 유대인들이 교회의 주축을 이루었고, 사마리아와 안티오키아 등에서 유대인을 대상으로 복음을 전파했다. 이제는 안티오키아 교회에서 파송한 바나바와 바울에 의해 복음이 소아시아로 확대되었다. 소아시아에 크리스트교회가 세워지고 이방인 크리스트교도가 늘어가면서 자연스럽게 교회의 구성원이 다양해졌다.

04

이방인과 함께 식사할 수 없다?

바울과 바나바는 제1차 선교 여행을 성공적으로 마치고 안티오키아로 돌아왔지만 새로운 문제가 발생했다. 안티오키아 교회와 예루살렘 교회가 유대교의 관습을 이방인 크리스트교도에게도 요구해야 하는지를 두고 대립하기 시작한 것이다.

그때까지 안티오키아 교회는 예루살렘 교회의 지도를 받는 하나의 '지부'로 여겨졌다. 그러나 선교지가 소아시아까지 확대되고 이방인 크리스트교도들에게 복음이 전해지면서 안티오키아 교회는 '새로운' 교회의 모델이 되었다. 이런 상황에서 유대인 크리스트교도들에게는 크게 문제되지 않던 유대교 율법과 할례 등을 이방인 크리스트교도에게도 요구해야 하는가의 문제를 둘러싸고 논란이 일기 시작했다.

모세 율법을 준수해야 하는가

문제가 터진 것은 기원후 49년에 유대에서 안티오키아로 내려온 사람들이 이방인 크리스트교도에게 모세 율법을 지키고 할례를 받아야 구원을 얻는다고 가르치기 시작하면서였다. 베드로를 포함한 기존의 유대인 크리스트교도는 어려서 할례를 받았고 유대교 전통에 익숙했기 때문에 할례와 같은 모세 율법이 큰 문제는 아니었다. 크리스트교도가 되기 위해서는 자신처럼 이방인도 할례를 받고 율법을 준수해야 하는 것이 이상할 게 없었다.

같은 유대인 출신이지만 바울은 생각이 달랐다. 이방인 출신으로 크리스트교도가 된 사람들에게 유대교의 율법 준수를 강요하는 것은 옳지 않다고 생각했다. 두 가지 의견이 팽팽히 맞섰기 때문에 이 문제는 예루살렘 교회와 안티오키아 교회의 관계까지 뒤흔들 수 있는 중요한 논쟁거리였다.

유대인과 이방인이 같이 식사해야 하는가

여기에 공동 식사 문제가 또 다른 갈등을 불러일으켰다. 예루살렘 교회에서는 "믿는 무리가 한마음과 한뜻이 되어 모든 물건을 서로 통용하고 자기 재물을 조금이라도 자기 것이라 하는 이가 하나도 없더라"(「사도행전」 4:32)라고 할 정도로 크리스트교도 사이에 친밀한 관계가 유지되었다. 히브리파와 헬라파는 사용하는 언어(헬라어와 히브리어), 사고방식, 생활 방식 등에서 문화적으로 차이가 있었지만 모두 유대인이라는 정체성을 공유하고 있었다. 또한 예루살렘 교회의 유대인 크리스트교도들은 모세 율법에 따른 음식 규례가 까다로웠기 때문에 이방인 크리스트교도와의 식탁 교제를 부정적으로 보았다.

그러나 바울은 유대인이든 이방인이든 상관없이 예수를 믿고 새로운 교회 공동체에 들어온 사람은 이방인과 유대인의 식탁 교제를 금하는 유대교의 까다로운 식사 규정에 얽매일 필요가 없다고 생각했다. 특히 이방인 크리스트교도가 많은 안티오키아 교회에서는 새로운 정체성을 공고히 하고자 오히려 식탁 교제를 바람직한 일이라고 보았다.

결국 공동 식사 문제를 둘러싼 생각의 차이는 예루살렘 교회의 보수적 유대인 크리스트교도들과 갈등을 불러일으켰다. 그들은 무차별한 공동 식사는 곧 유대인의 율법 준수 전체를 무력화시킬 것이고, 그러다보면 크리스트교에 대한 유대인들의 반발이 더 커질 것을 우려했다. 이런 상황에서 '안티오키아 사건'이 터지고 말았다.

마침내 '안티오키아 사건'이 터지다

'안티오키아 사건'은 기원후 46년경 헤롯 왕의 박해 때 안티오키아로 피신한 베드로가 제1차 선교 여행을 끝내고 돌아온 바울 일행과 함께 식사를 하다가 일어난 사건이다. 예루살렘 교회 지도자 야고보가 보낸 사람들이 온다는 소식을 듣자 바나바와 바울, 그리고 유대인 출신과 이방인 출신 크리스트교도와 함께 식사하던 베드로가 슬그머니 식사 자리를 뜬 것이다.

나머지 유대인 출신 크리스트교도들도 그를 따라 나갔고 바나바 역시 자리를 떴다. 이는 베드로가 당시 예루살렘 교회의 율법주의자들의 편에 섰다는 걸 의미한다. 또 율법의 행위가 아니라 믿음으로 의롭게 된다는 바울의 가르침과 안티오키아 교회의 새로운 교회 공동체 문화를 부정하는 것이었다. 화가 난 바울은 베드로가 복음의 진리를 따라 바르게 행동하지 않는 것을 보고 모든 사람 앞에서 베드로를 비판했다.

이 사건은 예루살렘 교회에 보수적 유대인 할례파가 교회의 분위기를 주도했고, 또 안티오키아 교회와 그 지도부의 한 사람인 바나바, 그리고 대부분의 유대인 크리스트교도들이 여전히 예루살렘 교회의 지도하에 있었다는 것을 보여준다. 결국 바울은 복음을 거부하던 유대인들뿐만 아니라 예루살렘 교회 내부의 할례파와 견해 차이를 해결해야 하는 과제를 안고 있었다.

갈라티아 교회에 보낸 바울의 편지

문제는 이뿐만이 아니었다. 제1차 선교 여행에서 세워진 갈라티아(갈라디아) 교회(피시디아 안티오키아, 이코니움, 리스트라, 데르베 등 남갈라티아에 세워진 교회) 안에 유대교 전통을 각인시키려는 할례파 세력이 들어와 바울이 전한 것과는 '다른 복음'을 전한다는 소식이 들어왔다. 안티오키아 교회에 와서 "모세의 법대로 할례를 받지 아니하면 능히 구원을 받지 못하리라"(「사도행전」 15:1)라고 하던 사람들이 갈라티아 교회에 침투해 교인들을 혼란 속에 빠뜨렸다.

이들은 바울이 예수를 직접 따라다닌 제자(사도)가 아니라며 바울의 선교 활동 자체를 부정했다. 그러나 갈라티아 교회는 바울이 돌에 맞아 거의 죽을 뻔한 위기를 겪으면서 세운 이방인 선교의 첫 열매였다. 리스트라는 "이방인들이 듣고 기뻐하여 하나님의 말씀을 찬송하며 영생을 주시기로 작정된 자는 다 믿었던"

• **교회에 보낼 편지를 집필하는 바울**
바울은 여러 교회에 편지를 보내 가르침과 충고를 전했다. 그 편지들이 『신약성경』의 서신서에 해당한다. 이 그림은 프랑스 화가 발랭탱 드 블로냐가 그렸다.

지역이었다(「사도행전」 13:48).

이러한 갈라티아 교회가 헬라파의 가르침에 영향을 받아 동요하자 성질이 불같았던 바울은 "어리석도다, 갈라디아(갈라티아) 사람들아"라고 부르며, 갈라티아 교회에 편지를 보냈다. 「갈라디아서」는 나중에 『신약성서』에 들어간 바울 서신 14편 가운데 첫 번째로 쓴 것이다.

먼저 자기가 예수의 직계 제자가 아니라는 비판에 대해, 편지 첫 부분에서 "사람들에게서 난 것도 아니요, 사람으로 말미암은 것도 아니요, 오직 예수 그리스도와 그를 죽은 자 가운데서 살리신 하나님 아버지로 말미암아 사도 된 바울"(「갈라디아서」 1:1)이라며, 열두 사도처럼 자신도 예수 그리스도와 하나님 아버지로부터 부름을 받은 사도라고 주장했다.

또 그가 전한 복음은 "사람의 뜻을 따라 된 것이 아니요, 배운 것도 아니요, 오직 예수 그리스도의 계시로 말미암은 것이라"(「갈라디아서」 1:11-12)며 **"사람이 의롭게 되는 것은 율법의 행위로 말미암음이 아니요, 오직 예수 그리스도를 믿음으로 말미암은 것"**(「갈라디아서」 2:16)이라고 여러 차례 강조했다.

> 율법의 행위로써는 의롭다 함을 얻을 육체가 없느니라.
>
> 「갈라디아서」 2:16

> 그리스도께서 우리를 자유롭게 하려고 자유를 주셨으니 그러므로 굳건하게 서서 다시는 종의 멍에를 메지 말라.
>
> 「갈라디아서」 5:1

이처럼 바울은 하나님의 은혜로 구원을 얻는 것이고 유대인의 율법 준수나 할례 등으로는 구원을 얻을 수 없다고 생각했다.

율법이 아닌 오직 은혜로

안티오키아 사건이나 갈라티아 교회에서 드러난 문제는 유대교에서 갈라져 나온 크리스트교가 세계 종교로 발전하기 위해서는 반드시 해결해야 할 과제였다. 베드로와 바나바가 야고보가 보낸 사람들의 눈치를 보며 이방인 크리스트교도와 식사 자리를 피한 문제, 갈라티아 교회를 뒤흔든 할례파의 문제, 이방인 크리스트교도에게 모세 율법 준수를 요구할 것인가의 문제는 빨리 결론을 내야 했다. 그사이에 바울의 비판을 받은 베드로와 바나바도 결국 바울의 견해에 동조하는 쪽으로 입장을 정리한 것 같다. 이 문제를 논의하기 위한 '예루살렘 총회'가 열렸고, 안티오키아 교회에서는 바울과 바나바가 참석했다. 이는 바울의 세 번째 예루살렘 방문이 되었다.

예루살렘 교회의 다수를 차지한 보수적인 할례파가 먼저 발언했다. 그들은 이방인에게도 할례를 행하고 모세의 율법을 지켜야 한다고 주장했다. 그러자 베드로가 일어나 로마 백부장(100명의 병사를 통솔하는 군대 지휘관) 고넬료(코르넬리우스)의 세례를 직접 경험했던 것을 떠올리며 이방인도 예수의 은혜로 구원을 얻게 되었는데, "우리 조상과 우리도 능히 메지 못하는 멍에를 제자들의 목에 두려느냐"(「사도행전」 15:10)라며 할례파에게 반대 의견을 내놓았다. 바나바와 바울 역시 제1차 선교 여행에서 하나님이 이방인에게 행한 표적과 기사에 관하여 말하면서 할례파의 의견에 반대했다. 결국 예루살렘 교회의 대표격인 예수의 친형제 야고보가 이 문제에 대한 최종 결론을 내렸다.

내 의견에는 이방인 중에서 하나님께로 돌아오는 자들을 괴롭게 하지 말고 다만 우상의 더러운 것과 음행과 목매어 죽인 것과 피를 멀리하라고 편지하는 것이 옳으니라.

「사도행전」 15:19-20

결국 '예루살렘 총회'는 다음과 같은 공식 문안을 작성해 모든 교회에 보내기로 결정했다.

사도와 장로된 형제들은 안디옥와 수리아와 길리기아에 있는 이방인 형제들에게 문안하노라. 들은즉 우리 가운데서 어떤 사람들이 우리의 지시도 없이 나가서 말로 너희를 괴롭게 하고 마음을 혼란하게 한다 하기로 사람을 택하여 우리 주 예수 그리스도의 이름을 위하여 생명을 아끼지 아니하는 자인 우리가 사랑하는 바나바와 바울과 함께 너희에게 보내기를 만장일치로 결정하였노라. 그리하여 유다와 실라를 보내니 그들도 이 일을 말로 전하리라. 성령과 우리는 이 요긴한 것들 외에는 아무 짐도 너희에게 지우지 아니하는 것이 옳은 줄 알았노니 우상의 제물과 피와 목매어 죽인 것과 음행을 멀리할지니라. 이에 스스로 삼가면 잘되리라. 평안함을 원하노라.

「사도행전」 15:23-29

기원후 49년의 '예루살렘 총회'는 이방인 크리스트교도에게는 할례 등 모세 율법을 강요하지 않고 음식 규례 중 세 가지와 이방 세계에 만연한 음행을 금하도록 권고하는 선에서 마무리되었다. 그리고 바울과 바나바 편에 유다와 실라를 안티오키아 교회에 보내 예루살렘 총회의 결정을 알리도록 했다.

예루살렘 총회의 결정으로 예수 그리스도의 은혜로 구원을 얻고 이방인 크리스트교도들에게 모세 율법 준수를 강요하지 않는다는 원칙이 확인되었다. 이제 하나님의 은혜로 구원을 얻는다는 사도 바울의 '은혜 구원론'이 더 탄력을 받게 되었다. 안티오키아에 내려온 바울과 바나바는 이제 제2차 선교 여행을 준비했다.

잠시 헤어졌지만 결국 같은 길을 걸은 바울, 바나바, 마가

예루살렘의 부호인 마가(또는 마가 요한)는 120여 명이 들어갈 정도의 대저택을 가진 마리아의 아들이며 바나바의 조카였다.(「사도행전」 12:12, 「골로새서」 4:10) 마가는 '큰 망치'라는 뜻의 로마식 이름이고, 요한은 히브리식 이름이었다. 예루살렘에 있는 마리아의 대저택은 최후의 만찬이나 오순절 성령 강림 사건이 벌어진 곳으로 예루살렘 교회의 출발지로도 알려져 있다.

전승에 따르면, 어머니의 영향으로 마가는 복음을 접하고 베드로의 제자가 되었다. 그는 바나바, 바울과 함께 제1차 선교 여행을 떠나기도 했다. 그러나 페르가에서 선교를 포기하고 예루살렘으로 돌아가는 바람에 제2차 선교 여행에서 문제가 되었고, 바울과 바나바가 다투고 서로 다른 길을 가게 되었다. 바나바는 마가를 데리고 키프로스로 갔고, 그곳에서 선교하다가 순교한 것으로 알려져 있다. 바울은 실라와 함께 제2차 선교 여행을 다녀온 뒤에도 여러 차례 선교 여행을 하다가 로마에서 순교했다.

바울과 마가가 제2차 선교 여행 이후 완전히 헤어진 것은 아니었다. 바울은 로마에서 순교를 앞두고 디모데에게 보낸 마지막 편지에 "마가를 데리고 오라. 그가 나의 일에 유익하다고 말했다"(「디모데후서」 4:11)라고 썼다. 또한 마가복음의 저자로서 예수의 활동을 기록으로 남겼고, 이집트 알렉산드리아에서 선교 활동을 하다가 순교한 것으로 알려져 있다. 비록 세 사람은 일시적으로 선교 방식에 대한 생각 차이로 헤어졌지만, 모두 복음에 대한 열정으로 순교했다는 점에서 같은 길을 걸었다. 한 인물에 대한 평가는 생의 마지막을 보지 않고는 쉽게 말할 수 없다.

예루살렘 성전과 유대인 회당은
교회와 어떻게 다를까?

여호와 하나님만 경배의 대상으로 믿는 유대인의 신앙생활은 예루살렘 성전(Holy Temple)을 중심으로 이루어졌다. 성전은 하나님이 거하는 곳으로 '여호와의 전'이라 불렸다. 기원전 10세기 중엽에 솔로몬이 지은 성전을 제1성전이라 한다. 성전 내부는 성소와 지성소로 구분되었는데, 지성소는 대제사장만 1년에 한 번 들어가 제사를 올렸다. 일반 이스라엘 백성은 1년에 세 차례 명절 때마다 성전을 방문해 제사를 올렸다.

예루살렘 성전은 기원전 586년에 신바빌로니아에 의해 남유다왕국이 정복당하고 바벨론 포로 사건이 일어나면서 파괴되었다. 그러나 신흥 강국 페르시아가 바빌로니아를 정복했고, 페르시아의 키루스(고레스) 왕은 속국의 관습과 종교를 존중하며 바빌론 포로들의 귀국을 허락하는 칙령을 발표했다. 이때 유대인들

을 이끌고 예루살렘으로 돌아온 스룹바벨의 주도로 소규모였지
만 성전(스룹바벨 성전)이 재건되었다.

　기원전 20년에는 이 성전을 헤롯 대왕(재위: 기원전 37~기원전 4)이
더 크게 증축해 '제2성전'으로도 불리는 '헤롯 성전'이 세워졌고,
예수와 사도들이 활동하던 기원후 1세기 중반까지 유지되었다.
그러나 기원후 70년에 로마-유대 전쟁으로 제2성전이 파괴되었
으며, 현재는 일명 '통곡의 벽'으로 불리는 성전의 서쪽 벽만 남
아 있다. 성전 터에는 기원후 691년에 세워진 이슬람의 '황금 사

원'이 자리하고 있다. 유대인들은 지금도 메시아가 오기 전에 예루살렘에 성전이 회복될 것을 기대하고 있다.

회당(Synagogue)은 유대인들이 바벨론 포로 사건 이후 예루살렘 성전에서 의식을 행할 수 없었을 때 생겨난 유대인들의 모임 장소, 하나님에게 기도를 올리는 집, 두루마리 『구약성경』을 보관하고 율법을 가르치는 책의 집으로 불렸다. 회당은 유대인들의 공동체 문화와 종교 생활의 중심이었지만 그곳에서 제사를 올리지는 않았다. 유대인 열 가정 이상이 모이면 기본적으로 회당을 두었기 때문에, 예루살렘처럼 큰 도시에는 여러 개의 회당이 있었다. 예수도 회당에서 말씀을 가르친 적이 있고, 바울은 선교 여행을 하면서 회당을 선교와 교육의 장소로 활용하기도 했다.

1세기경 크리스트교가 시작될 때 교회(Ecclesia)는 예수를 그리스도로 믿는 사람들의 모임이었다. 오순절 사건 이후 사도들이 기도하러 성전에 가거나 성전에서 말씀을 가르치기도 했지만, 성전 그 자체를 예루살렘 교회라고 부를 수는 없다. 오히려 초기 크리스트교도들은 오늘날과 같은 독립된 교회 건물이 아니라 대저택이나 가정집에서 모임을 가졌다. 예루살렘 교회라는 말도 오늘날처럼 대형 교회당을 뜻하기보다는 오순절 성령 강림 이후 예수를 그리스도로 믿는 이들의 공동체를 가리킨다.

따라서 성전이나 회당이 유대교 신앙의 중심이자 상징인 건물이었다면, 교회는 예수를 그리스도로 믿는 유대인이나 이방인이 함께 모인 신앙 공동체였다. 교회는 크고 작은 가정에서 모이다가 시간이 흐르면서 체계적인 조직과 건물(바실리카)를 갖추며 발전해나갔다.

예루살렘에서 돌아온 바울은 이방인 선교의 열정을 가지고 기원후 50년경 제 2차 선교 여행을 떠났다. 마가를 데려가는 문제로 바나바와 다툰 바울은 결국 바나바와 헤어지고 실라와 함께 선교 여행을 떠났다. 리스트라에서는 디모데 가, 트로이아에서는 누가가 바울의 선교 활동에 합류했다. 바울은 아시아 선교 를 지속하려 했지만 '마케도니아 환상'을 보고 유럽 선교에 나섰다. 복음이 아 시아에서 유럽으로 전파되는 역사적 순간이었다. 네아폴리스를 거쳐 필리피에 도착한 바울은 루디아와 필리피 간수 가정에 복음을 전해 필리피 교회를 탄생 시켰다. 이후 테살로니카, 베뢰아, 아테네를 거쳐 코린트에 온 바울은 아굴라 와 브리스길라 부부를 만나 함께 선교 활동을 했다. 이후 에페소스를 거쳐 안 티오키아로 돌아와 제2차 여행을 마쳤다.

기원후 53년경 시작된 제3차 선교 여행에서 바울은 에페소스와 코린트에서 집 중적인 선교 활동을 펼쳤다. 에페소스에서는 2년 반 동안 머물며 제자들을 모 아 가르쳐서 소아시아 선교의 거점으로 삼았다. 코린트에서는 로마 교회에 편 지를 보내 크리스트교 교리를 상세히 해명하고 그리스도의 사랑을 실천하도 록 촉구했으며 로마와 히스파니아 선교에 대한 비전을 밝혔다. 그는 예루살렘 교회의 가난한 교인들을 위해 마케도니아와 코린트 교인들이 모금한 돈을 가 지고 예루살렘으로 올라갔다.

제4장

아시아에서
유럽으로 건너간 복음

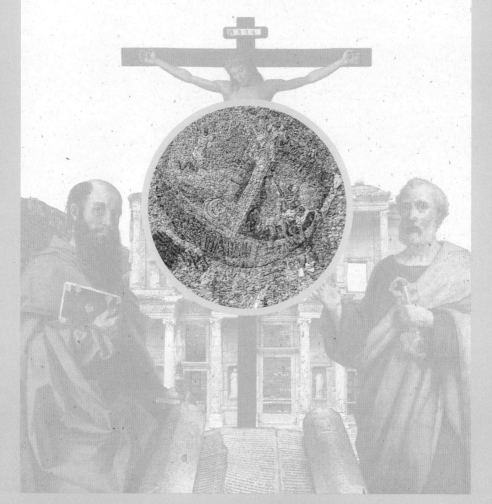

01

바울이 선교 여행의 중심이 되다(제2차 선교 여행)

예루살렘 총회의 결정으로 이방인 크리스트교도는 할례나 모세
율법의 요구에서 자유로울 수 있었다. 바울은 기원후 50년경 제
2차 선교 여행을 떠났다. 제1차 선교 여행과 비교하면 출발부터
달랐다. 제1차 선교 여행은 성령이 바나바와 바울을 선교 현장
으로 파송하는 형식이었고 바나바가 선교단의 리더였다면, 이번
에는 바울이 바나바에게 선교 여행을 제안하는 방식으로 선교가
시작되었다.

우리가 주의 말씀을 전한 각 성으로 다시 가서 형제들이 어떠한

- **제2차 선교 여행 경로**

  제2차 선교 여행에서는 바울이 실라를 대동했다. 기원후 49년부터 52년까지 약 5,000킬로미터의 거리를 이동했는데, 이때 처음으로 유럽에 복음이 전해졌다.

가 방문하자.

「사도행전」 15:36

선교단 구성에서도 바울의 주장이 강했다. 마가를 데리고 갈 것인가 여부를 두고 두 사람의 의견이 갈렸다. 바울은 앞선 선교 여행에서 도중에 예루살렘으로 돌아간 마가를 데려갈 수 없다고 주장했다.

하지만 바나바는 강력하게 반발했고 두 사람은 "심하게 다투어 서로 갈라섰다." 결국 바나바는 마가를 데리고 제1차 선교 때와 마찬가지로 키프로스로 갔고, 바울은 실라를 데리고 육로를 따라 아시아 선교에 나섰다. 바울의 시대가 본격적으로 시작된 셈이다. 그 뒤 바나바의 선교 활동에 관해서는 『신약성경』에 보고된 바가 없다. 누가가 「사도행전」의 선교 활동을 바울과 그 일행에 맞추어 기록했기 때문이다. 아마도 바나바는 자기 고향인 키프로스를 선교의 최종 목표로 삼았던 것 같다. 바나바는 마가를 데리고 키프로스로 향했고 거기서 순교한 것으로 알려져 있다.

바울, 실라와 함께 타르소스로 떠나다

바울은 이번에는 해상이 아닌 육상으로 시리아를 거쳐 자신의 고향인 킬리키아 지방으로 향했다. 바울은 바나바가 자신을 데리러오기 전까지 거의 7년 동안 킬리키아에서 복음 사역을 했을 것이다. 그는 "수리아와 길리기아로 다니며 교회들을 견고하게 했다"(「사도행전」 15:41).

바울과 실라가 이끄는 선교단에 새로운 인물 디모데가 합류했다. 디모데는 유대인 어머니와 헬라인 아버지를 둔 이방인 출신으로 바울의 첫 번째 선교 여행에서 복음을 받아들인 것 같다.

• 바나바 순교 기념 교회

바나바는 자신의 고향 키프로스에서 순교한 것으로 알려져 있다. 키프로스 살라미스에는 바나바의 순교
를 기념하는 교회가 세워졌고, 교회 지하에는 바나바의 무덤이 위치해 있다.

이후 '청년 디모데'는 바울의 선교 활동에 '최상의 제자'가 되었다. 바울이 여러 교회에 보낸 아홉 통의 편지에서 디모데를 일곱 번이나 자신의 파트너로 소개한다. 어머니는 예수를 그리스도로 믿는 유대인이었지만 아버지는 헬라인이었기에 디모데의 출신 배경은 이방인 선교에 총력을 기울이는 바울 입장에서는 좋은 모델이었다.

바울은 디모데에게 '할례'를 시킨 뒤 선교단에 합류시켰다. 할례파 유대인 크리스트교도의 반대를 사전에 차단하기 위해서였

• **디모데와 바울과 누가**
바울의 선교 여행에 디모데와 누가는 최상의 파트너가 되었다. 필리피의 루디아 기념 교회 안에는 디모데, 바울, 누가를 함께 묘사한 모자이크화가 있다.

다. 사실 예루살렘 총회 결정에 따른다면 헬라인 출신 크리스트
교도는 굳이 할례를 할 필요는 없었다. 바울은 제1차 선교 여행
지를 돌아다니며 예루살렘 총회의 결정을 알리고 지키도록 했
다. "이에 여러 교회가 믿음이 더 굳건해지고 수가 날마다 늘어
갔다"(「사도행전」 16:5).

02

트로이아에서 '마케도니아 환상'을 보다

바울의 제2차 선교 여행은 '실라와 디모데의 합류'라는 선교단의 구성뿐만 아니라 선교지 선정에서도 주목할 만한 변화가 있었다. 바울의 처음 계획은 제1차 선교 여행지인 아시아(오늘날의 터키)의 각 성으로 가서 신도들의 상태를 점검하는 것이었다.

그러나 이번에는 '성령'이 아시아에서 복음을 전하는 것을 막았고, 소아시아 북서쪽 끝자락에 있는 트로이아(드로아) 항구로 향하게 했다. 이곳에서 바울은 이후 크리스트교 역사에, 더 나아가 서양 역사에 큰 변화를 끼칠 사건을 경험한다. 이른바 '마케도니아 환상', 즉 "마게도냐(마케도니아) 사람 하나가 서서 그에게 청하

여 이르되 마게도냐로 건너와서 우리를 도우라"고 부른 것이다
(「사도행전」 16:9).

　『신약성경』에서 '드로아'로 알려진 알렉산드리아 트로이아는
호메로스의 『일리아스』에 나오는 트로이아(영어로는 트로이)가 퇴적
작용으로 항구 기능을 상실하자 기원전 306년경 알렉산드로스
의 장군 안티고노스가 건설한 항구도시였다. 호메로스의 트로이
아보다 남쪽으로 16킬로미터 정도 떨어진 지점에 있었고, 당시
에는 소아시아 북서쪽에서 아시아와 유럽을 연결하는 주요 항구

• **『일리아스』에 나오는 트로이아 유적지**
'트로이아의 목마'로 유명한 『일리아스』의 트로이아가 항구 기능을 상실하자 알렉산드리아 트로이아가
건설되었다. 『신약성경』에서는 '드로아'로 알려져 있다.

였다. '마케도니아 환상'을 하나님의 뜻으로 이해한 바울은 배를 타고 사모트라키아(사모드라게)를 거쳐 마케도니아의 네아폴리스(네압볼리)로 건너갔다. 이로써 예수 복음은 아시아에서 유럽으로 전해졌다. 이는 크리스트교가 '서양의 종교'가 되는 결정적인 사건이 되었다.

안티오키아 출신 의사 누가가 바울 선교단에 합류하다

트로이아는 유럽 선교의 출발지로서 중요한 역사적 현장이다. 「사도행전」을 기록으로 남긴 누가가 여기에서 선교 여행에 합류하기도 했다. 안티오키아 출신 헬라인 의사 누가는 복음서와 「사도행전」의 저자로 우리에게 잘 알려져 있다. 그는 예수를 직접 따라다닌 제자는 아니었다. 다만 예수의 '제자들과 목격자들의 증언'을 근거로 「누가복음」과 「사도행전」을 기록했다는 말을 통해, 바울처럼 오순절 성령 강림 이후, 즉 33년 이후에 복음을 듣고 크리스트교도가 된 것으로 보인다.

누가는 제2차 선교 여행부터 바울이 로마에서 순교할 때까지 동행했고, 그의 선교 활동 전체를 기록으로 남김으로써 초기 크리스트교를 이해하는 데 소중한 자료를 제공했다. 또한 '마케도니아 환상'과 관련해 "바울이 그 환상을 보았을 때 우리가 곧 마케도니아로 떠나기를 힘쓰니"(「사도행전」 16:10)라고 1인칭 복수를 주어로 쓴 대목에서 트로이아에서 바울의 선교 활동에 합류했다는 것을 알 수 있다. 이후 누가는 필리피(빌립보)에 남아 있다가 제3차 여행 때 트로이아로 와서 다시 바울과 합류하였고, 예루살렘에서 붙잡혀 죄수의 몸이 되어 로마로 가는 여정을 함께했다. 빌레몬에게 보낸 편지 「빌레몬서」에서는 마가, 아리스다고, 데마와 함께 누가를 선교단의 한 사람으로 언급했다.

의사인 누가에 대한 바울의 애정은 "사랑을 받는 의사 누가"(「골로새서」 4:14)라는 말에 잘 나타난다. 또 에페소스(에베소)에 있던 디모데에게 보낸 마지막 편지에서 "누가만 나와 함께 있다"(「디모데후서」 4:11)고 쓴 부분에서 누가가 로마에서 순교를 앞둔 바울과 함께 있었다는 사실을 알 수 있다.

유럽 선교의 첫걸음을 내딛다

트로이아에서 누가의 합류로 바울이 이끄는 선교단은 이상적인 '드림팀'이 되었다. 유대인이자 바리새파 출신 바울을 팀장으로 하고, 유대인 어머니와 헬라인 아버지를 둔 디모데, 이방인 출신 누가가 한 팀이 되면서 예수 복음은 유럽을 향해 나아가기 시작했다.

- **성 니콜라스 교회**

  바울은 트로이아 항구를 떠나 네아폴리스 항구에 도착했는데, 이를 기념해 성 니콜라스 교회를 세웠다. 아래 사진은 이 교회 전면에 있는 모자이크화이다. 바울이 항구에 도착하는 장면을 묘사하고 있다.

트로이아에서 배를 탄 일행은 사모트라키아섬에서 하루를 쉬고 이튿날 네아폴리스로 건너갔다. 바울에 의해 크리스트교 복음이 유럽으로 전파되는 출발점이 된 이 사건은 문명사의 흐름을 결정한 대사건으로 평가된다.

아시아의 트로이아 항구에서 네아폴리스 항구까지는 바닷길로 185킬로미터 떨어져 있었다. 항구도시 네아폴리스는 그리스 중부를 가로질러 발칸반도 서쪽 항구도시 디라키움으로 가는, 에그나티우스 가도(비아 에그나티아)의 동쪽 끝에 있는 수륙 교통의 요지였다.

바울은 네아폴리스에서 에그나티우스 가도를 따라 북서쪽 16킬로미터 지점에 있는 필리피로 올라갔다. 필리피는 로마의 식민시였다.

03

필리피에서 아테네까지

소아시아에서 바울 일행은 보통 선교지에 가면 유대인 회당에 먼저 들어가 유대인을 상대로 크리스트교의 가르침을 전파하곤 했다. 그러나 필리피는 소아시아의 도시들과는 분위기가 달랐다. 유대인 회당은 그 지역에 유대인 남자가 적어도 10명 이상이 되어야 세웠는데, 로마 식민시 필리피에는 유대인이 거의 없었기 때문에 회당도 없었다.

바울은 성문 밖 강가로 기도할 곳을 찾아 나섰다가 거기에 모인 여성들에게 복음을 전했다. 여성들 가운데 자색 옷감 장사를 하면서 하나님을 섬기는 두아디라 출신의 루디아가 있었는데,

그녀는 유대교로 개종한 이방인이었다. 루디아는 바울의 말을 경청했고, "주께서 그 마음을 열어 바울을 따르게 하셨고…… 그와 그 집이 다 세례를 받았다"(「사도행전」 16:14-15). 이 사건은 '마케도니아 환상'이 실제로 이루어졌음을 의미했다. 유럽 선교에서 최초로 루디아라는 여성과 그 가족이 크리스트교도가 된 것이다. 필리피 교회가 탄생하는 역사적 순간이었다.

여기서 유럽 선교의 첫 성과가 루디아라는 여성과 그 가족이었다는 점이 흥미롭다. 바울이 전한 복음은 구원이 유대인이나 헬라인을 넘어서 남자나 여자나 차별 없이 누구에게나 열려 있다는 사실을 입증한 셈이다. 바울 일행은 루디아의 집에 머물면서 복음을 전하는 일을 계속했다.

귀신 들린 여종에게서 귀신을 쫓아낸 바울

하지만 필리피의 선교 활동이 순탄했던 것만은 아니다. 바울 일행이 기도하러 가다가 점치는 귀신 들린 여종을 만났는데, 그 여종이 "이 사람들은 지극히 높은 하나님의 종으로서 구원의 길을 너희에게 전하는 자라"(「사도행전」 16:17)라고 외치며 몇 날 며칠을 따라다녔기 때문이다. 귀신 들린 여인은 영적인 세계를 보는 눈이 있었기 때문에 바울의 '정체'를 정확히 볼 수 있었을 것이다.

그러나 바울의 선교 활동에는 방해가 되었다. 귀신 들린 여자의 말을 듣고 복음을 받아들이는 사람은 없었을 것이다. 참다못한 바울은 여종에게서 귀신을 쫓아냈다. 예수도 여러 차례 귀신 들린 사람에게서 귀신을 쫓아낸 적이 있었다(「마태복음」 8:16, 「마가복음」 1:26, 39, 「누가복음」 4:35). 이제 그런 능력이 바울에게 나타났다.

여종은 귀신 들린 상태에서 해방되어 정상인이 되었지만, 여종의 주인들은 돈벌이 수단을 잃었다. 그 전까지 귀신 들린 여인

• **필리피 감옥 유적**
필리피에서 바울은 귀신 들린 여종에게서 귀신을 쫓아낸 적이 있는데, 오히려 여종의 주인은 바울을 고소해 감옥에 갇히게 만들었다. 필리피에는 당시 감옥 터가 아직도 남아 있다.

이 점을 쳐서 주인에게 돈을 벌어다주었기 때문이다. 바울과 실라는 여종의 주인들에게 잡혀 관리들 앞에 끌려 나갔다. 죄목은 "이 사람들이 유대인들인데 우리 성을 심히 요란하게 하여 로마 사람인 우리가 받지도 못하고 행하지도 못할 풍속을 전한다"는 것이었다. 두 사람은 매를 맞고 감옥에 갇히는 신세가 되었다(「사도행전」16:19-23).

필리피 감옥에서 간수에게 복음을 전하다

유럽 땅에 와서 루디아와 그 가족을 회심시키는 데 성공한 바울과 실라는 예상치 못한 상황에서 매를 맞고 발에 차꼬가 채워진 채 죄수들과 함께 감옥에 갇혔다. 이러한 비참한 상황 속에서도 두 사람은 밤중에 하나님을 찬양했는데, 이때 갑자기 큰 지진이 나서 감옥 터가 흔들려 감옥 문이 열리고 죄수들을 묶어둔 사슬이 벗겨졌다.

자다가 눈을 뜬 간수는 갑자기 벌어진 상황에 크게 놀랐다. 간수는 죄인들이 모두 도망갔다고 생각하고는 앞으로 닥칠 책임 추궁이 두려워 칼로 자살하려 했다. 그때 도망치지 않고 자리에 남아 있던 바울이 만류했다. 간수는 감옥 문이 열렸는데 도망치지 않은 채 남아 있는 바울과 실라에게 크게 놀라며, "선생들이

여 내가 어떻게 하여야 구원을 받으리이까" 하고 외쳤다. 여기서 그 유명한 성경 구절, 즉 "주 예수를 믿으라. 그리하면 너와 네 집이 구원을 받으리라"라는 선언이 나왔다(「사도행전」 16:30-31).

결국 필리피에서 루디아 가정에 이어 간수와 그 가족 모두가 예수를 믿어 구원을 받았고, 이런 식으로 필리피 교회가 부흥하기 시작했다. 이제 바울 일행은 암피폴리스와 아폴로니아를 거쳐 필리피에서 160여 킬로미터 떨어진 테살로니카(데살로니가)로 향했다.

테살로니카와 베뢰아에서 선교 활동을 하다

테살로니카로 이동한 바울 일행은 먼저 유대인 회당을 찾았다.

그들이 암비볼리(암피폴리스)와 아볼로니아(아폴로니아)를 다녀가 데살로니가에 이르니 거기 유대인의 회당이 있는지라. 바울이 자기의 관례대로 그들에게로 들어가서 세 안식일에 『성경』을 가지고 강론하며 뜻을 풀어 그리스도가 해를 받고 죽은 자 가운데서 다시 살아나야 할 것을 증언하고 이르되 내가 너희에게 전하는 이 예수가 그리스도라 하니 그중의 어떤 사람 곧 경건한 헬라인의 큰 무리와 적지 않은 귀부인도 권함을 받고 바울과 실라를 따르나 그러나 유대인들은 시기하여…… 천하를 어지럽게 하던 이 사람들이 여기도 이르매…… 이 사람들이 다 가이사(카이사르)의 명을 거역하여 말하되 다른 임금 곧 예수라 하는 이가 있다 하더이다 하니.

「사도행전」17:1-7

이처럼 테살로니카에서도 유대인들의 박해가 이어지자 밤에 바울과 실라는 70여 킬로미터 서쪽에 있는 도시 베뢰아로 갔고, 여기서도 두 사람은 먼저 유대인의 회당에 들어가 복음을 전했다. 베뢰아에 있는 사람들은 테살로니카에 있는 사람들보다 열성적으로 바울의 가르침에 귀를 기울였고, 그중에 적지 않은 그리스의 귀부인과 남자가 복음을 믿게 되었다.

하지만 테살로니카에 있는 유대인들은 "바울이 하나님의 말씀을 베뢰아에서도 전하는 줄을 알고 거기도 가서 무리를 움직여 소동하게 했다"(「사도행전」17:13). 그러자 바울은 배를 타고 그리스 학문의 중심 도시 아테네로 향했다.

아테네에서 아레오파고스 연설을 쏟아내다

아테네는 오늘날 그리스의 수도이다. 도시 중심에 우뚝 솟은 아크로폴리스는 전 세계 관광객의 발길을 끌고 있다. 바울이 방문할 당시 아테네는 로마의 지배하에 있었지만 헬라 문명의 중심지로 그 명성이 여전했다. 그러나 도시 곳곳의 많은 신전과 신상을 본 바울의 눈에는 아테네가 또 하나의 '우상의 도시'일 뿐이었다. 아테네에 대한 바울의 첫인상은 '격분했다'는 말에 잘 드러난다. 그럼에도 바울은 이 지역의 지적인 분위기에 맞게 직접적인 복음 전파보다 이론적으로 따져 크리스트교 신앙을 소개하

• **아테네의 아크로폴리스**
아크로폴리스는 그리스 도시국가 폴리스의 중심지 언덕을 가리키는데, 사진은 아테네에 있는 아크로폴리스의 모습이다. 헬라인들은 아크로폴리스에 도시의 수호신을 모시는 신전을 세웠고, 전쟁 시에는 군사적 요충지로도 활용했다.

• 아고라 광장

바울은 그리스 아테네에 도착한 다음 아고라 광장에서 만나는 사람들과 복음에 관해 토론을 벌였다. 그 중에는 에피쿠로스 철학자와 스토아 철학자도 있었다.

는 선교 방식을 선택했다. 회당에서는 경건한 사람들과, 아고라 광장에서는 날마다 만나는 사람들과 복음에 관해 토론을 벌였는데, 그중에는 에피쿠로스 철학자와 스토아 철학자도 있었다.

예수의 복음과 부활에 대해 아테네의 철학자들 대부분은 바울 일행을 이방신들을 전하는 사람들 정도로 알았다. 그래도 일부는 관심을 보이며 바울의 사상을 알고 싶어 했고, 바울을 아레오파고스로 데려가 연설하도록 했다. 「사도행전」에 기록된 바울의 아레오파고스(아레오바고) 연설은 아테네의 아레오파고스 바위 언덕 앞 청동 판에 새겨져 있다.

아덴(아테네) 사람들아 너희를 보니 범사에 종교심이 많도다. 내가 두루 다니며 너희가 위하는 것들을 보다가 알지 못하는 신에게라고 새긴 단도 보았으니 그런즉 너희가 알지 못하고 위하는 그것을 내가 너희에게 알게 하리라. 우주와 그 가운데 있는 만물을 지으신 하나님께서는 천지의 주재시니 손으로 지은 전에 계시지 아니하시고 또 무엇이 부족한 것처럼 사람의 손으로 섬김을 받으시는 것이 아니니 이는 만민에게 생명과 호흡과 만물을 친히 주시는 이심이라.

인류의 모든 족속을 한 혈통으로 만드사 온 땅에 살게 하시고 그들의 연대를 정하시며 거주의 경계를 한정하셨으니 이는 사람으로 혹 하나님을 더듬어 찾아 발견하게 하려 하심이로되 그는 우리 각 사람에게서 멀리 계시지 아니하도다. 우리가 그를 힘입어 살며 기동하며 존재하느니라. 너희 시인 중 어떤 사람들의 말과 같이 우리가 그의 소생이라 하니 이와 같이 하나님의 소생이 되었은즉 하나님을 금이나 은이나 돌에다 사람의 기술과 고안으로 새긴 것들과 같이 여길 것이 아니니라.

- **아레오파고스 바위 언덕 앞 연설 비문**

　「사도행전」에 기록된 바울의 아레오파고스 연설 내용이 아테네의 아레오파고스 바위 언덕 앞 청동 판에 새겨져 있다.

　　　　　　　　　　　　　제4장　아시아에서 유럽으로 건너간 복음

알지 못하던 시대에는 하나님이 간과하셨거니와 이제는 어디든
지 사람에게 다 명하사 회개하라 하셨으니 이는 정하신 사람으로
하여금 천하를 공의로 심판할 날을 작정하시고 이에 그를 죽은
자 가운데서 다시 살리신 것으로 모든 사람에게 믿을 만한 증거
를 주셨음이니라.

「사도행전」 17:22-31

바울의 아레오파고스 연설은 그동안의 설교와 여러 면에서 차
이가 있었다. 우선 청중이 유대인이나 유대교에 들어온 경건한
이방인이 아니라 다신교적 전통과 헬라 철학에 익숙한 철학자나
지식인이었다. 따라서 연설 내용 자체가 다신교를 토대로 한 헬
라 문화와 유일신 사상을 핵심으로 하는 히브리-크리스트교 문
화의 대결처럼 되었다. 바울은 유일신 사상의 토대 위에서 다신
론의 허점을 논리적으로 비판했다.

바울은 아테네에 신전이나 신상이 많은 것을 아테네 시민들이
종교성이 많은 증거라며 얼핏 칭찬하는 식으로 연설을 시작했
다. 그리고 '알지 못하는 신'에게 바친 제단 이야기를 끄집어내서
바로 그 '알지 못하는 신'을 크리스트교의 하나님과 연결시켰다.

첫째, 하나님은 천지 만물을 지은 창조주이고 주인이다. 만민

• **바울의 아레오파고스 연설**

바울은 아레오파고스에서 다신교적 전통과 헬라 철학에 익숙한 철학자나 지식인을 대상으로 연설을 쏟아냈다. 하지만 아테네 철학자들의 반응은 부정적이었다. 이 그림은 1515년 이탈리아 화가 라파엘로가 그렸다.

에게 생명과 호흡과 만물을 친히 주었다. 인류 모든 족속을 한 혈통으로 만들었다.

둘째, 인간은 하나님에게서 태어났으며 하나님은 인간이 '더듬어 찾아 발견할 수 있을' 만큼 가까운 곳에 있다.

셋째, 하나님은 사람이 만든 신전 안에 갇혀 있지 않다. 하나님을 사람이 금이나 은이나 돌에다 새길 수 있다고 생각해서는 안된다. 여기서 바울은 인간의 기술로 금이나 은이나 돌에다 새기고 그것을 신이라고 숭배하는 것을 큰 죄라고 지적한다.

넷째, 이러한 우상 숭배를 지나간 시대, 알지 못하던 시대에는 그대로 넘어갔지만 이제는 회개하라고 했다.

다섯째, 하나님은 정한 사람으로 하여금 천하를 공의로 심판할 날을 작정하고 그를 죽은 자 가운데서 다시 살렸다. 즉 예수 그리스도를 죽음에서 살리고 장차 임할 최후의 심판의 재판장으로 삼았다. 하나님은 창조자이며 동시에 심판자임을 기억하라고 권고한다.

아레오파고스 연설은 하나님은 창조주이고 인간은 피조물이라는 것, 신상이나 신전을 만들어 숭배하지 말 것, 최후의 심판이 있으니 회개할 것 등으로 요약된다. 하나님의 창조로 시작해 예수 그리스도의 심판으로 끝나는 역사를 논하면서 바울은 아테네 철학자들에게 예수를 믿으라고 전도한 것이다. 이에 아테네 철학자들의 반응은 대체로 부정적이거나 회의적이었다.

그들이 죽은 자의 부활을 듣고 어떤 사람은 조롱도 하고 어떤 사람은 이 일에 대하여 네 말을 다시 듣겠다 하니

「사도행전」 17:32

바울도 더 이상 아테네에 마음을 두지 않았다. 그는 아테네를 떠나 남서쪽 80여 킬로미터 떨어진 코린트로 내려갔다. 그 후 아테네를 다시 찾았다는 이야기는 없다. 그래도 소득이 없지는 않았다. 바울의 연설을 듣고 아레오파고스 관원 디오누시오와 다마리라는 여자와 몇몇 사람이 복음을 받아들였다.

향락의 도시 코린트에 복음의 열매를 맺다

펠로폰네소스반도 입구에 있는 항구도시 코린트는 마케도니아의 필리피와 함께 그리스 선교의 중요한 거점으로 알려져 있다. 아테네 선교를 마친 바울 일행은 기원전 49년경 코린트에 도착하였다. 코린트는 동서 양쪽에서 해외 진출이 가능한 수륙 교통의 요지였다. 코린트에는 6킬로미터를 사이에 두고 켄크레아 (겐그레아) 항구와 레카이온 항구가 있었다. 서쪽 레카이온 항구는 이오니아해를 거쳐 이탈리아로 바닷길이 열려 있었고, 동쪽 켄크레아 항구는 에게해로 열려 있었다.

이처럼 교통의 요지이다 보니 상업이 발달했으나 빈부 격차가 심했고, 지중해 곳곳에서 드나드는 상인이나 선원에게 코린트는 향락의 도시라는 오명도 남기고 있었다. 대부분의 그리스 도시가 그러하듯이 다신교적 전통이 강해 아폴론(로마에서는 아폴로)이나 아프로디테(로마에서는 베누스) 신전 등 많은 신전이 있었는데, 특히 미의 여신 아프로디테 신전에서는 1,000여 명의 여사제가 선원이나 상인을 상대로 '합법적인' 매춘 행위를 한 것으로 유명하다.

기원전 146년에 로마 군대에 의해 파괴된 코린트는 기원전 46년에 카이사르에 의해 로마 식민시로 재건된 이후 경제적 번영을 누리며 국제무역의 요충지가 되었다. 코린트에는 상공업에 종사하는 유대인이 많이 정착해 살았으므로 유대인 회당도 있었다. 바울이 코린트를 찾았을 때 세네카의 형제 갈리오 총독이 통치하고 있었다. 바울은 코린트에서 폰투스 출신 유대인 아굴라와 브리스길라 부부를 만나 여러 도움을 받으며 선교 활동을 해나갔다.

아굴라와 브리스길라 부부는 로마에 거주하다가 49년경 클라우디우스 황제의 유대인 추방령에 따라 코린트에 와 있었다. 이들은 천막을 만드는 기술자였는데, 바울과 함께 일하면서 선교 활동을 도왔다.

바울은 처음에 안식일마다 회당에서 유대인과 헬라인에게 『성경』을 가르쳤고, 유대인에게 예수가 메시아라 증언했다. 그러나 유대인의 반발이 거세지자 그들을 떠나 이방인에게 간다고 선언했다. 회당 옆에 하나님을 경외하는 티투스 유스투스의 집으로 자리를 옮겨 말씀을 가르쳤고, "회당장 그리스보가 온 집안 사람과 더불어 주를 믿으며 '수많은 고린도(코린트) 사람'도 믿고 세례를 받았다"(『사도행전』 18:8). 바울은 1년 6개월을 코린트에 머물며 하나님의 말씀을 가르쳤다.

그러나 그 과정도 순탄치만은 않았다. 유대인이 일제히 일어나 "율법을 어기면서 하나님을 경외하라고 사람들을 권한다"(『사도행전』 18:13)며 법정에 바울을 고소했다. 유대인의 고소가 종교와 문화에 관한 것일 경우 로마 총독은, 이미 빌라도가 예수 재판에서 보여주었듯이, 관여하기를 꺼렸다. 이번에도 "만일 문제가 언어와 명칭과 너희 법에 관한 것이면 너희가 스스로 처리하라. 나는 이러한 일에 재판장 되기를 원치 않는다"(『사도행전』 18:15)라며 총독은 오히려 유대인을 법정에서 쫓아냈다. 이후 바울은 에페소스를 거쳐 카이사리아로 갔다가 안티오키아로 돌아오면서 제2차 선교 여행을 마쳤다.

04

에페소스 선교(제3차 선교 여행)

제2차 선교 여행에서 돌아온 바울은 안티오키아 교회에 오래 머물지 않고 기원후 53년에 제3차 선교 여행을 떠났다. 이번에도 제2차 선교 여행과 마찬가지로 초반에는 육로를 따라 북서쪽으로 올라가서 갈라티아와 프리기아(브루기아) 땅을 먼저 찾았다. 제2차 선교 여행 때 복음을 받아들인 이 지역의 교회를 돌아보고 교인들을 격려하기 위해서였다. 이어 제2차 선교 여행 때 잠시 머물던 소아시아 서쪽 해안가의 에페소스로 향했다.

- **제3차 선교 여행 경로**
  바울은 제2차 선교 여행이 끝난 지 얼마 되지 않아 다시 제3차 선교 여행을 감행한다. 이번에도 약 5년
  에 걸쳐 장장 5,000킬로미터 정도를 이동하며 선교 활동을 했다.

아르테미스의 도시 에페소스에 교회가 세워지다

에페소스는 카이스테르강 하구에 위치한 소아시아의 항구도
시였다. 에게해를 건너온 그리스와 로마의 상인들을 통해 문물
이 들어오고, 또 동방의 문물이 도착하는 아시아의 종착지 가운
데 하나였다. 이처럼 수륙 교통의 요지인 에페소스는 경제적 번
영에 유리한 환경이었을 뿐만 아니라 다양한 문화가 교류하는
국제도시였다.

제4장 아시아에서 유럽으로 건너간 복음

에페소스의 초기 원주민은 카리아인이었는데, 기원전 7~6세기에 이오니아인이 정착하면서 헬라 문화가 뿌리내렸다. 이후 루디아, 페르시아, 마케도니아의 지배하에 있다가 친 로마 정책을 취한 페르가뭄(버가모) 왕국의 일부가 되었다. 기원전 133년 아탈루스 3세가 죽으면서 왕국을 로마에 물려주자, 로마는 얼마 지나지 않아 에페소스를 주도로 이 지역 일대를 '속주 아시아'로 조직하고 총독을 파견해 통치했다.

에페소스는 예수 복음이 전파되기 전까지 지모신(地母神) 숭배와 마술의 성행으로 이교 문화가 번성했다. 아르테미스 여신을 기리기 위해 기원전 550년경 리디아의 크로이소스가 후원해 에페소스에 세운 아르테미스 신전은 고대 세계 7대 불가사의에 들어갈 정도로 웅장했다. 그러나 기원전 4세기 중반에 방화로 파괴되자 알렉산드로스 대왕의 지원으로 파르테논 신전의 두 배 규모의 신전이 건축되어 아시아 전역에서 순례자들을 불러 모았다.

아르테미스 여신 숭배의 열기에 힘입어 신전 모형이나 신상을 만들어 파는 산업이 발전했고, 이와 관련된 장인과 상인은 많은 돈을 벌게 되었다. 기원후 1세기 중엽에 바울 일행이 이곳을 방문했을 때 에페소스는 마술사의 도시이기도 했다. 이처럼 종교·문화적 전통, 그리고 속주의 주도로서 정치·경제적 번영을 누리

던 에페소스에는 극장, 전차 경기장, 대형 목욕장, 도서관 등 각
종 문화 시설이 들어서 있었다.

티라노스 서원에서 바울이 성경을 가르치다

기원후 53년경 바울이 에페소스에 도착했을 때는 에페소스에
서 말씀을 가르치던 아볼로가 코린트로 선교를 떠난 뒤였다. 바
울은 먼저 회당에 들어가 세 달 동안 하나님 나라에 관해 가르쳤
다. 그러나 일부가 바울의 가르침에 반대하자 바울은 '티라노스
(두란노) 서원'으로 자리를 옮겼다.

티라노스 서원은 에페소스의 철학자 티라노스의 학당이라는
뜻이다. 당시 철학자들은 제자를 모아 가르치는 학당을 하나씩
가지고 있었다. 학당에서는 수사학, 철학, 변증법 등을 가르쳤다.
티라노스는 기원전에 이곳에서 활동한 철학자였지만 아마 제자
가 학당을 이어가지 못했던 것 같다. 바울은 그 건물을 빌려 2년
동안 『성경』을 가르치고 복음을 전했다.

당시 에페소스는 정치·경제·문화·종교의 중심지였기 때문에
"아시아에 사는 자는 유대인이나 헬라인이나 다 주의 말씀을 들
었다"고 누가는 말한다(「사도행전」 19:10). 바울은 티라노스 서원에
서 복음을 전했을 뿐만 아니라 이후 선교 활동에 동참할 제자들

- **에페소스의 셀수스 도서관 유적**
  바울은 에페소스에 도착해 두란노 서원을 빌려 2년 동안 『성경』을 가르쳤다. 셀수스 도서관 유적이 티라
  노스 서원 자리로 추정된다.

을 집중적으로 가르친 것 같다. 요즘말로 바꾸면 선교사를 교육
시켜 내보내는 일종의 선교 훈련 센터였다.

그 결과 에페소스 교회 외에 콜로세(골로새) 교회, 라오디케아
(라오디게아) 교회, 히에라폴리스(히에라볼리) 교회 등 소아시아의 일
곱 교회는 에페소스에서 복음을 듣거나 티라노스 서원에서 배운
바울의 제자들이 선교 활동으로 세웠을 것으로 추정된다. 그로
부터 40여 년 뒤 요한은 예수 그리스도의 계시를 소아시아의 일
곱 교회에 전했다(「요한계시록」 1:4).

코린트 교회에 편지를 보내다

바울이 에페소스에서 선교 활동을 하고 있을 때 코린트 교회에서 바울의 마음을 불편하게 하는 소식이 들려왔다. 바울은 제2차 선교 여행 중 기원후 49년부터 51년까지 1년 6개월이나 코린트에서 가르친 바 있다. 아카이아 속주의 수도이면서 항구도시인 코린트는 정치·경제적으로 번영하였으나 종교적으로는 온갖 우상 숭배가 판치고, 문화적으로 음란과 퇴폐가 넘치는 도시였다. 특히 아프로디테 신전에서는 여사제들의 매춘 행위가 종교적인 이름으로 행해지면서 향락적인 도시 이미지가 짙었다. 그곳에 뿌려진 예수의 복음과 크리스트교 공동체는 헬라 문화에 대한 새로운 희망이었다.

그렇다고 코린트에 뿌리내린 부정적인 이교 문화가 하루아침에 사라지지는 않았다. 오히려 바울이 떠난 뒤 부도덕한 이교 문화가 크리스트교 공동체까지 영향을 주기 시작했다. 교인 가운데도 음란한 행위를 하는 사람이 있다는 소식이 들려와 바울이 이를 꾸짖는 편지를 쓴 적도 있다.

이외에도 코린트 교회는 바람 잘 날 없이 크고 작은 문제가 일어났다. 이번에는 교회 내에 파벌 싸움이 심각한 수준으로 확대되면서 교회가 혼란에 빠지게 되었다는 소식이 들려왔다. 이에 대한 답변으로 기원후 55년경에 에페소스에서 쓴 편지가 「고린도전서」이다.

바울은 십자가를 진 예수만이 구세주이고 교회의 주인이라는 점과 바울을 포함해 모든 전도자는 예수 복음을 전하는 동료임을 강조했다. 그러면서 그리스도의 부활이 복음의 핵심이니 부활에 대한 소망을 갖고, "…… 흔들리지 말고 항상 주의 일에 더욱 힘쓰는 자들이 되라"(「고린도전서」 15:58)고 조언했다.

또한 바울은 모든 크리스트교도는 그리스도를 머리로 하는 하나의 '몸'이나 다름없다는 사실을 깨닫고 거룩한 믿음의 공동체를 건설할 것을 권고했다. '사랑의 장'이라 부르는 「고린도전서」 13장은 '사랑'이 없으면 모든 언행이 무의미하다고 강조했다. 16장에서는 갈라티아 교회에 명령한 것 같이 코린트 교회에서도 예루살렘 교회의 가난한 교인을 위한 헌금을 아주 구체적으로 부탁했다. 즉, 매주 첫 날에 각 사람이 수입에 따라 미리 모금하라고 권고했다.

회개하는 마술사, 비방하는 은세공업자

바울이 에페소스에서 2년 3개월 동안 머물며 가르치고 놀라운 기적을 행하자, 어떤 마술사는 두려워 자신의 행위를 회개하기 시작했다. 마술 관련 책들을 가지고 나와 모든 사람 앞에서 불태워버렸는데, 액수가 은 5만에 해당할 정도로 엄청났다. 그러나 바울을 비판하는 세력도 있었다. "사람의 손으로 만든 것들은 신이 아니다"라고 하며 신상에 대한 숭배를 비판하자 신상 제작과 관련해 이해관계가 많은 장인들이 반발하고 나선 것이다. 신상이나 신전 모형 판매 영업에 큰 타격을 받았기 때문이다. 결국 데메트리오스라는 은세공업자가 주동이 되어 은세공 직공과 영업하는 사람을 선동해 바울 일행을 비방했다.

> 우리의 이 영업이 천하여질 위험이 있을 뿐만 아니라 큰 여신 아데미(아르테미스)의 신전이 무시당하게 되고 온 아시아와 천하가 위하는 그의 위엄도 떨어질까 한다.
>
> 「사도행전」 19:27

온 시내가 소요를 일으키고 바울 일행을 에페소스 극장으로 끌고 갔다. 혼란이 계속되자 바울은 자신이 사람들 앞에 나가 직접 변명하고자 했다. 그러나 아시아 관리 중에 바울의 친구들이 만류하는 바람에 직접 나서지는 않았다. 결국 에페소스의 서기장이 무리를 진정시켰다.

• 에페소스 극장

바울이 에페소스에서 신상 숭배를 비판하자 신상을 만들어 파는 장인들이 반발하고 나섰다. 바울 일행
은 결국 에페소스 극장까지 끌려가게 되었다.

신전의 물건을 도적질하지도 아니하고 우리 여신을 비방하지도

아니한 이 사람들을 너희가 붙잡아 왔으니 만일 데메드리오와 그

와 함께 있는 직공들이 누구에게 고발할 것이 있으면 재판 날도

있고, 총독들도 있으니 피차 고소할 것이요, 만일 그 외에 무엇을

원하면 정식으로 민회에서 결정할지라. 오늘 아무 까닭도 없는 이

일에 우리가 소요 사건으로 책망받을 위험이 있고 우리는 이 불

법 집회에 관하여 보고할 자료가 없다 하고 이에 그 모임을 흩어

지게 하니라.

「사도행전」 19:37-41

소요는 그쳤지만 바울은 제자들과 작별하고 기원후 56년 여름
에 에페소스를 떠나 마케도니아로 갔다. 그곳에서 여러 말로 제
자들을 권하고 바울은 제2차 선교 여행 때처럼 에그나티우스 가
도를 따라 필리피, 테살로니카, 베뢰아를 경유해 코린트까지 내
려가며 복음을 전했다. 그는 코린트에서 56/57년 겨울에 세 달을
머물렀다.

05

코린트에서 로마 교회에 보낸 편지 「로마서」

바울은 제국의 동쪽, 즉 소아시아, 마케도니아, 그리스까지 세 차례의 선교 여행을 통해 집중적으로 복음을 전파했고, 그가 간 곳에는 교회들이 세워졌다. 이제 서부 지중해 세계에 눈을 돌렸다. 서쪽에는 제국의 중심 도시인 로마가 있었고, 서쪽 끝자락에는 오늘날의 스페인에 해당하는 히스파니아(서바나)가 있었다. 이 기간에 바울은 로마 교회에 편지, 즉 「로마서」를 보내 이방인 크리스트교도가 중심인 로마 교회에 크리스트교의 중요한 교리를 전하고 자신이 장차 로마를 방문하리라 약속한 것으로 추정된다.

로마 교회는 어떻게 세워졌을까?

로마는 지중해 세계 전체를 지배하는 제국의 중심지였고, 부와 권력과 명예의 집합소였다. '모든 길은 로마로 통한다'라는 말이 있을 정도로 제국 내 도시들은 로마로 연결되었다. 이미 기원전 1세기 말에 옥타비아누스는 공화정 말기의 혼란을 수습하고 초대 황제가 되어 평화와 안정을 도모했다. 당시 지중해 세계의 국제 질서를 '팍스 로마나(로마의 평화)'라 불렀다.

바울이 「로마서」를 써 보내기 전에 로마에는 분명히 상당한 수의 교인이 있었다. 로마 교회는 오늘날까지 이어지는 로마 가톨릭교회의 출발점이다. 그러나 『신약성경』 어디에도 로마 교회가 누구에 의해 어떻게 시작되었는지 언급하지 않는다. 예수가 승천한 뒤 오순절 성령 강림 사건이 있었는데, 그때 예루살렘에 모인 무리를 지역 또는 민족별로 언급할 때 "로마로부터 온 나그네 곧 유대인과 유대교에 들어온 사람들"(「사도행전」 2:10)이 나온다. 그중 일부가 복음을 듣고 로마로 돌아가 교회를 세웠을 가능성도 있다. 「로마서」의 마지막 장인 16장에 바울은 28명에게 문안 인사를 하는데, 이름이 언급된 26명 가운데 19명은 그리스나 소아시아 출신으로 로마에 이주한 유대인 크리스트교도로 추정된다.

기원후 49년에 클라우디우스 황제가 로마에서 유대인 추방령을 내린 것과 관련해 로마 교회의 존재를 추정해볼 수도 있다. 어쨌든 「로마서」를 쓰기 전에 바울이 로마에 간 적은 없으나 세 차례에 걸친 바울의 선교 여행이나 다른 사도의 복음 전파로 회심한 사람들이 로마에 모이면서 교회가 성립되었을 것이다.

나중에 바울이 죄수의 몸으로 로마를 방문했을 때 유대인과의 대화를 보면, 로마 교회가 처음에는 유대인 크리스트교도로 출발했지만 점차 이방인 크리스트교도의 수가 증가한 것은 분명하다. 따라서 바울은 로마 방문 전에 편지를 보내 크리스트교 복음의 실상을 정확히 알리고 올바른 신앙관을 교육하려 했던 것으로 보인다.

예루살렘 교회를 돕기 위한 모금

바울의 제3차 선교 여행 중에는 예루살렘 교회를 위한 모금도 중요한 과제였다. 예루살렘 교회는 예수의 제자들이 주축이 된 크리스트교회의 모태로, 일종의 '어머니 교회'와도 같았다. 특히 이방인 크리스트교도에게는 영적 권위의 출발이기도 했다. 그러나 예루살렘 교회 교인들은 경제적으로나 종교적으로 여러 차례 어려움을 겪었다.

따라서 바울의 선교로 세워진 이방인 교회들이 기근으로 어려움을 당한 예루살렘 교회를 돕기 위해 모금을 한 것은 여러 의미가 있었다. 교회의 머리인 그리스도를 중심으로 공동체 의식을 확인한 것이다. 하나님의 사랑은 모든 인간이 하나 됨을 인정하는 것이기에, 예루살렘 교회에 '빚'을 지고 있는 이방 교회들이 헌금을 통해 어려움을 덜어주는 것은 아주 중요했다. 유대인 크리스트교도와 이방인 크리스트교도가 같은 하나님의 자녀라는 사실을 확인하는 기회였다. 「로마서」를 보면 제3차 선교 여행 중 특히 코린트 교회와 마케도니아 교회가 기근으로 고난당하는 예루살렘 교회 성도를 위한 모금에 크게 힘을 쏟은 것을 알 수 있다.

그러나 이제는 내가 성도를 섬기는 일로 예루살렘으로 가노니 이는 마게도냐와 아가야(아카이아) 사람들이 예루살렘 성도 중 가난한 자들을 위하여 기쁘게 얼마를 헌금하였음이라. 저희가 기뻐서 하였거니와 또한 저희는 그들에게 빚진 자니 만일 이방인들이 그들의 영적인 것을 나눠 가졌으면 육적인 것으로 그들을 섬기는 것이 마땅하니라.

「로마서」 15:25-27

바울 일행은 모인 헌금을 가지고 다시 육로로 마케도니아에서 트로이아로 건너왔다. 바울은 트로이아에서 일주일을 머물렀다. 떠나기 전날 밤 늦게까지 바울이 설교했는데, 3층 창문에 걸터앉아 듣던 청년 유두고가 졸다가 3층 아래로 떨어져 죽는 불상사가 발생했다. 그러나 바울이 내려가 그 위에 엎드려 몸을 안고 기도하여 그를 살려냈고, 그런 다음 날이 새도록 설교를 이어갔다. 그만큼 바울은 하나님의 말씀을 가르치는 일에 열정을 다했다.

고통을 무릅쓰고 예루살렘을 향해 올라간 바울

바울은 예루살렘에 고통이 기다리고 있다는 것을 알고 있었지만 오순절이 되기 전에 급히 예루살렘으로 올라가려 했다. 바울은 에페소스를 들르지 않고 밀레토스로 내려온 뒤 에페소스 장로들에게 그곳으로 와달라고 요청했다. 시간을 절약해 '고별 설교'를 하고자 한 것이다.

보라, 이제 나는 성령에 매어 예루살렘으로 가는데 거기서 무슨 일을 당하는지 알지 못하노라. 오직 성령이 각 성에서 내게 증언하여 결박과 환란이 나를 기다린다 하시나 내가 달려갈 길과 주 예수께 받은 사명 곧 하나님의 은혜의 복음을 증언하는 일을 마치려 함에는 나의 생명조차 조금도 귀한 것으로 여기지 아니하노라.

「사도행전」 20:22-24

바울 일행은 밀레토스에서 배를 타고 코스(고스)섬, 로도스(로도)섬, 파타라(바다라)를 거쳐 티루스에 상륙했다. 그곳에서 짐을 풀기 위해 배가 일주일 동안 머물렀는데, 그때 바울은 제자들을 만나 시간을 보냈다. 제자들은 바울에게 예루살렘에 들어가지 말라고 조언했다.

하지만 예루살렘을 향한 바울의 뜻을 꺾지는 못했다. 바울 일행은 배를 타고 프톨레마이스(돌레마이)를 거쳐 카이사리아에 내렸고, 전도자 빌립의 집에서 다시 일주일을 머물렀다. 이때 유대로부터 아가보라고 하는 선지자가 내려와 예언했다.

우리에게 와서 바울의 띠를 가져다가 자기 수족을 잡아매고 말하기를 "성령이 말씀하시되 예루살렘에서 유대인들이 이같이 이 띠 임자를 결박하여 이방인의 손에 넘겨주리라" 하거늘 우리가 그 말을 듣고 그곳 사람들과 더불어 바울에게 예루살렘으로 올라가지 말라 권하니 바울이 대답하되 "여러분이여 어찌하여 울어 내 마음을 상하게 하느냐. 나는 주 예수의 이름을 위하여 결박당할

뿐 아니라 예루살렘에서 죽을 것도 각오하였노라" 하니.

「사도행전」 21:11-13

빌립의 집에서 여러 날을 보낸 뒤에 마침내 기원후 58년 봄에 바울 일행은 예루살렘에 도착했다.

바울은 왜 필리피와 코린트를 유럽 선교의 발판으로 삼았을까?

필리피는 '필리포스의 도시'라는 뜻으로 마케도니아 알렉산드로스 대왕의 아버지 필리포스의 이름에서 유래했다. 필리포스는 기원전 356년에 금광이 풍부한 이 지역을 손에 넣으려고 트라키아인의 도시 크레니데스를 정복하고 그 도시에 자기 이름을 붙였다.

해안에서 불과 15킬로미터 떨어진 곳에 위치한 필리피는 암피폴리스와 네아폴리스를 잇는 수륙 교통의 요지였다. 로마인이 기원전 168년에 마케도니아를 정복해 로마의 도시가 되었다. 비잔티움까지 이어지는 에그나티우스 가도 길목에 있었기 때문에 필리피는 더욱 번영을 누릴 수 있었다.

기원전 42년 안토니우스와 옥타비아누스는 카이사르를 죽인 브루투스와 카시우스의 공화정파 군대를 필리피 평원에서 물리치고 퇴역병을 이 도시에 정착시켜 로마의 식민시로 삼았다. 안토니우스와의 내전에서 승리한 옥타비아누스(아우구스투스)는 이 도시를 '아우구스투스 율리우스 필리피 식민시'로 개명하고 '로마의 축소판'으로 재건했다. 그리고 2인(duumviri)을 파견해 통치하게 했다.

기원후 49년에 바울이 방문했을 때 이 도시는 '마케도니아의 로마'로서 명성을 누리고 있었다. 복음이 전해지면서 필리피 교회가 세워지고 마케도니아 지역의 크리스트교 전초기지가 되었다. 도로망을 따라 마케도니아 전역으로 복음을 '수출'하기 좋았기 때문이다.

코린트는 기원전 146년 로마 군대에 의해 파괴되었지만 100여 년 뒤에 카이사르에 의해 재건되었다. 19세기 후반 이전에는 이탈리아에서 배를 타고 아테네의 피라이우스 항구로 가려면 펠로폰네소스반도 아래를 돌아서 430킬로미터를 더 가야 했다. 그러나 1882년에 프랑스 토목 기술자 레셉스가 프랑스 자본을 들여와서 6.3킬로미터 길이의 운하를 뚫어 400킬로미터 이상 이동 거리를 단축시켰다. 이 코린트 운하 때문에 오늘날 펠로폰네소스반도는 마치 다리로 연결된 섬처럼 보이기도 한다.

19세기 중엽에 지진으로 파괴된 옛 코린트 아고라 유적지가

• **코린트 운하**

세계 3대 운하 중 하나인 코린트 운하는 그리스 본토와 펠로폰네소스반도 사이의 지협부를 흐른다. 19세기 후반 이 운하의 개발로 400킬로미터 이상 이동 거리를 단축시켰다.

1890년대 말 발굴 작업으로 복원되었다. 아고라 광장에서 북서쪽 산꼭대기에 자리 잡은 아크로코린트에는 아프로디테 신전이 있었다. 그리스 신화에서는 시지프스가 산 정상까지 돌을 굴려 올려갔다가 정상 즈음에서 굴러떨어지는 바람에 반복해 돌을 굴려 올라가는 형벌을 받은 곳이기도 했다. 아고라 광장에는 기원전 6세기에 건설한 아폴론 신전 유적지에 일곱 개의 기둥만 남아 있다.

항구도시 코린트는 바다를 통해 이탈리아 쪽이나 아시아 쪽으로 연결되는 교통의 요지이자 국제항이었기 때문에 여러 지역 사람들이 모이고 오가는 이점을 이용해 지중해 세계로 복음을 전하기가 용이했을 것이다.

아르테미스 여신, 처녀 신인가 다산의 여신인가?

아르테미스는 그리스 신화에 따르면 제우스와 레토 사이에 태어
났고 아폴론과는 쌍둥이 남매지간이었다. 아폴론이 태양신으로,
그리고 아르테미스는 달의 신으로 간주되었다. 아르테미스는 젊
은 아가씨의 모습을 하고 주로 사냥을 즐겼다. 따라서 처녀의 수
호신으로서 순결·정절의 상징으로 명성이 있었고, 산과 들에서
사슴을 쫓는 활의 명수로 알려져 있었다. 그의 화살은 산욕(産褥)
을 치르는 여자를 고통 없이 그 자리에서 죽게 하는 힘을 지녔다
고 한다.

　반면에 에페소스의 아르테미스 여신은 이 지역 지모신과 연결
되면서 가슴에 많은 수의 유방 혹은 조롱박과 여러 모양의 동물
이 새겨져 있는 '풍요와 다산'을 상징하는 여신으로 숭배되었다.

　로마인에게는 이탈리아나 라티움에서 아르테미스 여신은 디

- **아르테미스 여신상**
  에페소스의 아르테미스 여신은 가슴에 많은 수의 유방 혹은 조롱박과 여러 모양의 동물이 새겨져 있는
  '풍요와 다산'을 상징하는 여신이었다. 사진의 아르테미스 여신상은 바티칸박물관에 소장되어 있다.

아나와 동일시되었다.

이처럼 지중해 세계 신화에서 등장하는 아르테미스는 지역이
나 민족마다 필요에 따라 다양한 기능이나 능력을 지닌 여신으
로 간주되었다. 크리스트교가 전파되면서 이러한 다신교적 전통
에 기초한 이교 신의 숭배 열기는 크게 타격을 입었고, 이는 크리
스트교를 반대하는 요인이 되기도 했다.

제3차 선교 여행을 마친 바울 일행은 기원후 57년 5월경 예루살렘에 도착했다. 그러나 예루살렘 성전에 있을 때 아시아에서 온 유대인이 그를 성전 밖으로 끌고 나가 죽이려 했고 로마 군대가 출동한 끝에 군중에 뭇매를 맞던 바울이 목숨을 건졌다. 바울은 유대인에게 고소당했는데, 자신이 로마 시민임을 밝혀 법적인 절차에 따라 재판을 받게 되었다. 총독 관저가 있는 카이사리아에서 2년 동안 구금되어 있던 바울은 로마 황제에게 억울함을 상소했으며, 이로써 로마행이 결정되었다.

결국 죄수의 몸으로 로마로 압송된 바울은 로마에서 2년 동안 가택 연금되었는데, 그 상태에서 찾아오는 사람에게 복음을 전했다. 이후 잠시 석방된 바울은 히스파니아 선교와 크레타, 에페소스 등 그리스와 소아시아 선교를 마치고 로마로 돌아와 두 번째로 투옥되었다가 목이 잘려 순교했다. 처음에는 예수 복음을 반대한 바울이었지만, 회심한 뒤에는 예수의 제자가 되어 스승의 가르침을 지중해 세계로 전하는 데 누구보다 열정적인 생애를 바쳤다.

바울의 로마행, 마지막 선교 활동과 유산

01

예루살렘에서 체포된 바울

바울 일행이 예루살렘에 도착했을 때 예루살렘 교회가 그들을 맞이했다. 이튿날 바울은 예수의 친형제 야고보를 방문해 선교 활동을 상세히 보고했다. 「사도행전」의 저자 누가는 "바울이 그들(야고보와 장로들)을 문안하고 **하나님이 자기의 사역으로 말미암아 이방 가운데서 하신 일을 낱낱이 말했다**"(「사도행전」, 21:19)고 썼다. 누가는 복음을 전파하는 일의 성격 자체를 하나님의 섭리와 계획으로 보았다.

이때 바울은 이방인 교회(마케도니아 교회와 코린트 교회)가 모금한 헌금을 예루살렘 교회에 전달했을 것이다. 이는 바울이 예루살렘을 방문한 주요 목적 가운데 하나였다. 복음이 유대인뿐만 아니라 이방인에게 전해졌는데, 모금을 전달하면서 유대인이나 이방인이나 그리스도의 복음 안에서 한 형제자매가 되었음을 확인했다.

> 너희는 유대인이나 헬라인이나 종이나 자유인이나 남자나 여자나 다 그리스도 예수 안에서 하나이니라.
>
> 「갈라디아서」 3:28

바울의 입장에서 보면, 자신이 온갖 고난을 당하면서 거둔 선교의 열매를 전달하는 것은 복음의 근원지인 예루살렘 교회와 유대인 크리스트교도들에게 이방인 크리스트교도들의 은혜에 보답하는 셈이었다. 또한 하나님의 은혜에 함께한 이방인 크리스트교도의 입장에서 본다면, 자신들도 하나님 나라 백성으로서 나름대로의 정체성을 가지고 있다는 사실을 보여주는 계기이기도 했다.

> 그때에 너희는 그리스도 밖에 있었고 이스라엘 나라 밖의 사람이라. 약속의 언약들에 대하여는 외인이요, 세상에서 소망이 없는

자이더니 이제는 전에 멀리 있던 너희가 그리스도 예수 안에서 그리스도의 피로 가까워졌느니라.

「에베소서」 2:12-13

그러므로 이제부터 너희는 외인도 아니요, 나그네도 아니요, 오직 성도들과 동일한 시민이요, 하나님의 권속이라.

「에베소서」 2:19

그러나 예루살렘 교회의 야고보와 장로들은 바울의 선교 보고를 듣고 "하나님께 영광을 돌렸다"라고만 기록되어 있고, 구제 헌금에 관해서는 어떤 언급도 없다. 오히려 예루살렘 안에, 특히 유대인 크리스트교도 중에 바울의 이방인 선교 활동에 비판적인 생각을 가진 사람들이 다수라는 사실을 강조하면서 걱정스러운 소식을 전했다.

그들이 듣고 하나님께 영광을 돌리고 바울더러 이르되 "형제여 그대도 보는 바에 유대인 중에서 믿는 자가 수만 명이 있는데 다 율법에 열성을 가진 자라. 네가 이방에 있는 모든 유대인을 가르치되 모세를 배반하고 아들들에게 할례를 행하지 말고 또 관습을 지키지 말라 한다 함을 그들이 들었도다."

「사도행전」 21:20-21

　당시 예루살렘 교회의 분위기는 '이방인의 사도' 바울에게 아주 불리했다. 그래서 야고보는 '여론 무마용'으로 네 사람을 미리 준비시켜 놓았으니 그들과 함께 유대인의 예식을 행하고 머리를 깎게 함으로써 소문이 사실과 다르다는 것을 입증하라고 권고했다. 바울은 불필요한 대립을 피하고자 야고보의 말에 순종했다. 그렇게 문제는 풀리는 듯했다.

아시아에서 온 유대인들이 바울을 해치려 하다

　하지만 바울에게 전혀 예상치 못한 상황이 발생했다. 아시아로부터 온 유대인들이 예루살렘 성전에서 바울을 붙잡았고, 다른 유대인들을 선동하면서 바울을 공개적으로 비난하기 시작했다.

이스라엘 사람들아 도우라. 이 사람은 각처에서 우리 백성과 율법과 이곳을 비방하여 모든 사람을 가르치는 그 자인데 또 헬라인을 데리고 성전에 들어가서 이 거룩한 곳을 더럽혔다 하니

「사도행전」 21:28

이 말은 사실과 다른 '무고'였다. 그들이 전에 에페소스 사람 드로비모가 바울과 함께 시내에 있는 모습을 보고 바울이 그를 성전에 데리고 들어갔다고 생각한 것이다. 어쨌거나 온 성이 시끌벅적했고, 사람들이 달려와 바울을 잡아 성전 밖으로 끌어내 죽이려 했다. 이러한 예루살렘의 분위기는 어느 정도 예견된 것이었다. 코린트에서 로마 교회에 편지를 보내면서 바울은 예루살렘에 가서 당할 고통으로부터 벗어나도록 기도를 부탁한 적도 있었다.

형제들아 내가 우리 주 예수 그리스도와 성령의 사랑으로 말미암아 너희를 권하노니 너희 기도에 나와 힘을 같이하여 나를 위하여 하나님께 빌어 나로 유대에서 순종하지 아니하는 자들로부터 건짐을 받게 하고 또 예루살렘에 대하여 내가 섬기는 일을 성도들이 받을 만하고 나로 하나님의 뜻을 따라 기쁨으로 너희에게 나아가 너희와 함께 편히 쉬게 하라.

「로마서」 15:30-32

큰 소동이 일어났다는 보고를 받은 로마 군대 천부장은 군대를 데리고 출동했다. 그는 매를 맞던 바울을 붙잡아 사슬에 묶고 그가 누구인지, 왜 이 사태가 벌어졌는지 진상을 조사하려 했다. 무리가 그를 이런저런 말로 고소했다. 하지만 소동이 계속되면서 진상을 알 수 없게 되자 천부장은 바울을 병영 내로 끌고 들어가게 했다.

02

복음을 전한 죄로 재판받는 바울

병영 내로 들어가려 할 때 바울은 군중에게 변호할 기회를 달라고 천부장에게 요청했다. 이에 천부장이 허락하자 바울은 병영 입구 계단에 모인 무리를 향해 자신이 예수 믿는 사람들을 박해하다가 어떻게 이방인에게 복음을 전하게 되었는지 자세하게 알렸다.

바울의 말을 듣던 군중은 더 이상 참지 못하고 그를 죽여야 한다고 외쳤다. 바울의 연설은 중단되었고, 천부장은 바울을 영내로 끌고 들어가 채찍질하면서 심문하라 명령했다. 이때 바울은 자신이 로마 시민임을 내세워 채찍질하며 심문하는 것이 부당하다고 항의했다.

비울이 로마 시민이라는 말에 놀란 천부장은 태도가 달라졌다. 로마 시민은 죄인으로 판정되기 전까지는 보호를 받아야 하는 특권 신분이었다. 로마 시민권을 돈을 주고 샀다고 말하는 천부장에게 바울은 자신은 태어나면서부터 로마 시민이라고 해 그를 더 놀라게 했다.

재판하기 위해 모인 공회에서도 선교의 기회를 찾다

다음날 천부장은 사건의 진상을 파악하기 위해 제사장들과 온 공회를 모으고 바울을 앞에 세웠다. 바울에게 다시 한 번 자신을 변호할 기회가 주어졌다. 공회에 모인 유대인 가운데 한 부류는 바리새인이고 다른 부류는 사두개인임을 알아챈 바울은 자신이 "바리새인이요 또 바리새인의 아들이라 죽은 자의 소망, 즉 부활로 말미암아 심문을 받는다"(「사도행전」 23:6)라고 외쳐 바리새인과 사두개인이 서로 분열하게 만들었다.

사두개인은 부활도 없고 천사도 없다고 믿는 반면, 바리새인은 둘 다 있다고 믿었기 때문에 바리새인이 바울을 두둔하고 나섰다. 천부장은 분열과 소요 속에서 더 큰 문제가 생길까 우려해 바울을 다시 병영 내로 들이게 하고 공회를 해산시켰다.

• **카이사리아 항구 유적지**
바울은 재판을 받기 위해 로마 총독 관저가 있는 항구도시 카이사리아로 보내졌다. 당시 카이사리아 항구의 모습은 지금도 확인할 수 있다.

그러나 바울의 위기는 끝나지 않았다. 이튿날 바울을 죽이려는 음모가 더욱 조직적으로 모의되고 있다는 정보가 천부장에게 전해졌다. 이에 천부장은 그 다음 날 새벽에 두 명의 백부장에게 보병 200명과 기병 70명과 창병 200명의 호위하에 바울을 카이사리아에 있는 벨릭스 총독에게 보내게 했다. 이로써 바울은 예루살렘을 빠져나가 로마 총독 관저가 있는 항구도시 카이사리아로 무사히 압송되었다.

벨릭스 총독 앞에서 법적 공방이 벌어지다

바울이 카이사리아로 압송되자 대제사장 아나니아가 장로들과 변호사 더둘로를 함께 데리고 내려와 총독에게 바울을 고발했다.

우리가 보니 이 사람은 전염병 같은 자라. 천하에 흩어진 유대인을 다 소요하게 하는 자요 나사렛 이단의 우두머리라. 그가 성전을 더럽게 하려 하므로 우리가 잡았사오니 그를 심문하시면 우리가 고발하는 이 모든 일을 아실 수 있나이다.

「사도행전」 24:5-8

이에 바울은 고발 내용이 사실과 다른 '무고'라고 주장하면서 유대인이 자신을 이단자로 몰아 죽이려 한다고 항변했다. 바울을 처벌할 유력한 증거를 찾지 못한 벨릭스 총독은 뇌물을 받을까 기대하면서 바울을 구금한 채 자주 불러서 이야기를 듣곤 했다. 다만 바울을 지키되 자유를 주고 그의 친구들이 그를 돌보아 주는 것을 금하지 말라고 백부장에게 명령했다. 결국 2년 동안 바울은 카이사리아에서 구금 상태로 지내다가 후임 총독 베스도에게 인계되었다.

신임 총독 베스도 앞에 서다

부임한 지 사흘 만에 신임 총독 베스도 역시 바울의 재판 건을 해결하려 했고, 예루살렘에서 내려온 유대인들은 여러 근거로 바울을 고발했지만 확실한 증거를 대지는 못했다. 이때 바울은 다시 한 번 위기 상황에 직면했다.

바울이 변명하여 이르되 "유대인의 율법이나 성전이나 가이사에 게나 내가 도무지 범하지 아니하였노라." 하니 베스도가 유대인 의 마음을 얻고자 하여 바울더러 묻되 "네가 예루살렘에 올라가 서 이 사건에 대하여 내 앞에서 심문을 받으려느냐?"

「사도행전」 25:8-9

베스도가 유대인에게 지지를 얻고자 바울을 예루살렘으로 데 려가 재판을 받게 하려 한 것이다. 그러나 바울은 지혜를 발휘해 위기를 오히려 로마로 갈 수 있는 기회로 삼으려 했다.

바울이 이르되 내가 가이사의 재판 자리 앞에 섰으니 마땅히 거 기서 심문을 받을 것이라. 당신도 잘 아시는 바와 같이 내가 유대 인들에게 불의를 행한 일이 없나이다. 만일 내가 불의를 행하여 무슨 죽을 죄를 지었으면 죽기를 사양하지 아니할 것이나 만일 이 사람들이 나를 고발하는 것이 다 사실이 아니면 아무도 나를 그들에게 내줄 수 없나이다. 내가 가이사께 상소하노라.

「사도행전」 25:10-11

바울은 더 이상 유대왕국에서 불의한 재판을 받는 것을 거부하고 로마 시민으로서 권리를 최대한 활용해 카이사르에게 상소한다고 선언했다. 로마 시민권자인 바울의 혐의를 입증할 증거를 잡지 못한 베스도는 황제에 대한 상소권을 주장하는 바울의 요구를 묵살하고 예루살렘으로 강제로 보낼 수 없었다. 이 시기 비록 동부 지중해 세계 먼 변방에 있었지만 로마 시민권은 큰 특권이었다. 결국 바울의 로마행이 결정되었다.

03

'죄수 바울'의 로마행과 선교 활동

바울은 다른 죄수들과 함께 카이사리아에서 배를 타고 시돈을 거쳐 키프로스 북동 해안을 바람막이 삼아 북쪽으로 항해했다. 이어서 다시 해안을 따라 킬리키아와 팜필리아 바다를 건너 루키아의 무라 항에 이르렀다. 거기서 이탈리아로 가는 알렉산드리아 배로 옮겨 탔다. 사나운 날씨를 만나 항로를 유지하기 어려웠다. 갖은 고생 끝은 크레타섬 남쪽 해안에 이르러 '아름다운 항구'에 닻을 내렸다.

이미 추분이 지났고, 이제부터는 겨우내 폭풍우가 잦은 험한 날씨였기 때문에 항해가 어려웠다. 바울은 항해가 불가능하니

- **바울의 로마행 경로**
  기원후 61년경 바울은 다른 죄수들과 함께 카이사리아에서 해안을 따라 로마로 이동했다.

여기서 겨울을 나자고 제안했지만 백부장은 선장과 선주의 말을 따라 다음 항구인 포이닉스(뵈닉스)로 가자고 주장했다.

그러나 바다에 나가기 무섭게 '유라굴라'라 부르는 광풍이 몰아치는 바람에 배는 표류하기 시작했다. 배의 짐을 바다로 던져 일시적으로 위기에서 벗어났으나 상황은 나아지지 않았다. 바다에서 표류하다가 14일 만에 276명의 일행은 가까스로 오늘날의 몰타섬 해안에 도달할 수 있었다.

- **로마 레골라 구 성 바울 교회**
  바울이 로마에서 2년 동안 가택 연금된 장소로 추정되는 곳이다. 교회 내부에는 사슬을 들고 있는 바울을 묘사한 모자이크화가 있다(오른쪽).

그곳에서 석 달을 머문 일행은 배를 타고 시라쿠사로 왔다가 레기온을 거쳐 나폴리만으로 올라왔다. 거기서 크리스트교도들을 만나 일주일 동안 함께 지내다가 로마로 올라갔다. 로마의 동료들이 바울 일행을 맞아주었다. 이처럼 바울 일행은 천신만고 끝에 로마에 도착했다. 기원후 61년경의 일이다.

바울, 꿈에 그리던 로마에 도착하다

바울은 죄수의 몸으로 로마에 왔지만 가택 연금 상태에서도 자유롭게 사람들을 만날 수 있었다. 로마에 온 지 사흘 만에 바울은 유대교 지도자들을 자기 집으로 오게 해 대화를 나누었다.

바울은 자신이 예루살렘에서 유대의 율법이나 관습을 어긴 일이 없는데 유대인들에게 죽을 뻔한 일을 말했다. 또 로마 총독이 자신을 심문한 결과 처벌할 만한 증거를 찾지 못해 풀어주려 했지만, 유대인들이 맹렬히 반대하는 바람에 로마 황제에게 상소해 로마까지 오게 되었고, 자신이 우리 민족을 로마에 고발하려는 것은 아니라고 이야기했다.

자리에 모인 유대인 지도자들도 유대에서 바울에 관한 어떤 편지도 받은 바 없고, 형제 가운데 누가 와서 바울에 대해 부정적인 말을 하지도 않았다고 전했다. 다만 곳곳에서 크리스트교도들과 바울의 사상에 관해 알고자 한다고 말했다.

바울은 2년 동안 일종의 가택 연금 상태에서 찾아오는 손님들에게 아침부터 저녁까지 하나님 나라를 증언하고 모세의 율법과 선지자의 말을 가지고 예수를 권했다. 그중에는 그의 말을 받아들이는 자와 반대하는 자가 있었다. 바울은 2년 동안 로마의 셋집에서 살면서 하나님 나라와 예수 그리스도에 관한 모든 것, 즉 복음을 전했다.

로마에서 '옥중서신'을 쓰다

누가가 쓴 「사도행전」은 여기서 끝난다. 그러나 바울의 사역은 여기서 끝나지 않았다. 비록 몸은 자유롭지 않았지만 로마에서 이른바 '옥중서신'이라 불리는 네 통의 편지 「골로새서」 「빌레몬서」 「에베소서」 「빌립보서」를 썼다. 바울이 로마에서 갇힌 사실을 알고 로마를 방문해 에페소스 교회와 콜로세 교회, 필리피 교회 소식을 전해준 제자들 덕분에 이 편지들을 쓸 수 있었다.

바울은 제자들을 교회로 돌려보내며 각 교회의 처지에 맞게 신앙적 가르침과 크리스트교도의 삶의 원칙에 관해 적어 보냈다. 「에베소서」 「골로새서」 「빌레몬서」는 두기고와 오네시모가 전달했고, 「빌립보서」는 에바브라 디도 편에 전해졌다.

04

바울의 마지막 선교 활동

바울의 초기 생애도 그렇지만 바울의 위대한 생애가 어떻게 끝났는지 정확히 알 수 없다. 우선, 바울은 로마에서 2년 정도 가택 연금된 상태에서 복음을 전하다가 네로 황제 때 순교했다. 그러나 62년경에 그가 순교했다는 기록은 확인되지 않는다.

바울의 순교와 관련해 가장 많이 언급되는 내용은 64년 로마의 대화재 사건이다. 로마의 대화재는 기원후 64년 7월 덥고 건조한 기후가 계속되던 여름밤에 발생했다. 팔라티움언덕과 카일리우스언덕 사이에 있는 대경주장 북동쪽의 빈민가에서 시작된 화재는 강한 바람을 타고 닷새 동안 곳곳을 폐허로 만들었다. 평민들의 허술한 공동 주택뿐만 아니라 유서 깊은 신전, 공공건물, 그리고 진귀한 책과 예술품이 보관되어 있는 네로 황제 자신의 궁전마저 불타버렸다.

당시 네로 황제는 로마에서 남쪽 56킬로미터 떨어진 안티움에 머물고 있다가 대화재가 발생했다는 소식을 듣고 급히 로마로 돌아왔다. 그는 재난을 당한 이재민들에게 북쪽 성벽 밖 마르스 들판의 개인 정원을 일시적으로 사용하게 했고, 오스티아로부터 곡물을 가져다가 공급하게 했다.

그러나 네로 황제가 아름다운 로마를 새롭게 건설하는 영광을 얻으려고 불을 질렀다는 소문이 민간에 퍼지기 시작했다. 특히 대화재가 난 자리에 화려하고 웅장한 황금 궁전과 거대한 자신의 동상을 세우면서 시민들의 의혹은 더욱 커졌다. 네로 황제는 이런 적대적인 여론을 극복하기 위해 희생양이 필요했는데, 그것이 바로 크리스트교도였다. 로마 제정 초기의 역사가 타키투스는 빌라도의 그리스도 처형과 네로 때 박해의 실상을 생생하게 전한다.

그것은 평소에도 이상한 행위로 세상 사람들의 미움을 받던 '크레스투스의 신봉자들'이라고 부르는 자들이었다. 이 일파의 명칭의 유래가 된 크레스투스는 티베리우스가 통치할 때 총독 폰티우스 필라투스(본디오 빌라도)에게 처형되었다. 한때 이 해롭기 짝이 없는 미신이 잠시 잠잠해졌지만 최근에 이르러 다시 이 해악의 발상지인 유대에서뿐만 아니라 세계에서 마음에 안 드는 파렴치한 것들이 모두 모인 이 수도에서도 극도로 번성하고 있었다. 그래서 먼저 신앙을 고백했던 자들이 체포되어 심문받고 이어서 그 자들의 정보에 기초해 아주 많은 사람이 방화죄라기보다 인류의

• **크리스트교도들의 순교**
네로 황제 때 크리스트교 박해가 극심해지면서 수많은 순교자가 발생했다. 특히 콜로세움이라는 원형 경기장에서 굶주린 사자를 풀어놓아 크리스트교도들을 잔인하게 죽였다. 이 작품은 19세기 프랑스 화가 장 레옹 제롬이 그린 〈크리스트교 순교자들의 마지막 기도〉이다.

적대자로 선고받았다. 그들은 살해당할 때 놀림감이 되었다. 즉 야수의 모피를 뒤집어쓴 채 개에게 물리고 찢겨 죽었다. 어떤 때는 십자가에 붙잡아 매고 혹은 불에 타기 쉽게 만들어 놓고 해가 지고 나서 야간의 등불 대신 불태웠다.

타키투스, 『연대기』 15권 44장 3-8절

수에토니우스는 아주 간단하게 "해로운 새 종교적 신앙을 가르치는 크리스트교도에게는 처벌이 가해졌다"고 전한다(『네로의 생애』 16장 2절). 그러나 바울이 61년부터 62년까지 2년 동안 가택 연금 상태였다고 전제할 때 대화재는 64년에 일어났으니 바울의 순교와 로마의 대화재를 직접 연결시키기는 어렵다.

바울은 제4차 선교 여행을 떠났을까?

바울의 마지막 생애와 관련해 다른 견해로는, 그가 62년경에 일단 석방되었다가 62~63년에 히스파니아를 포함해 크레타, 에페소스, 마케도니아 등을 돌아보고 64년경 로마에서 제2차 투옥을 당했으며, 「디모데후서」를 쓰고 순교했다는 것이다(브루스, 1992, 474-481).

로마에 오기 전 바울의 선교 활동은 동부 지중해, 즉 소아시아와 마케도니아, 그리스에 집중되어 있었다. 그 결과 소아시아의 에페소스, 마케도니아의 필리피, 아카이아의 코린트 등 주요 도시에 교회가 세워졌고, 예수 복음이 민족과 지역, 신분, 남성과 여성의 벽을 넘어서 유대인뿐 아니라 많은 이방인(헬라인과 로마인)에게 전파되었다. 그러나 예루살렘에서 출발한 바울의 관심은 제국 수도 로마에 머무르지 않았다. 땅끝까지 복음을 전하라는 예수의 명령이 있었기 때문이다. 따라서 선교의 최종 목표는 로마를 거점으로 서쪽 끝에 있는 히스파니아였다.

> 이제는 이 지방에 일할 곳이 없고 또 여러 해 전부터 언제든지 서바나(히스파니아)로 갈 때에 너희에게 가기를 바라고 있었으니 이는 지나가는 길에 너희를 보고 먼저 너희와 사귐으로 얼마간 기쁨을 가진 후에 너희가 그리로 보내주기를 바람이라.
>
> 「로마서」 15:23-24

> 그러므로 내가 이 일(예루살렘 교회에 가난한 신자에게 헌금 전하는 일)을 마치고 이 열매를 그들에게 확증한 후에 너희에게 들렀다가 서바나로 가리라.
>
> 「로마서」 15:28

제5장 바울의 로마행, 마지막 선교 활동과 유산

물론 「사도행전」이나 『신약성경』의 다른 기록에서는 바울이 히스파니아 선교를 다녀왔는지 여부에 대해 말하지 않는다. 다만 1세기 후반의 교부 클레멘스는 기원후 96년에 코린트 교회에 보낸 제1서신에서 다음과 같이 썼다.

바울은 갈망했기에 인내의 상을 얻었다. 일곱 번씩이나 그는 사슬에 매였고, 추방당했으며, 돌에 맞았다. 그는 동쪽과 서쪽에서 복음을 전했기 때문에 믿음에 따른 고귀한 명성을 얻었다. '서쪽 끝'에 이르기까지 온 세상에 의를 가르쳤으며, 관원들 앞에서 복음을 증거하다가 이 세상을 떠나 거룩한 곳으로 들려갔고, 인내의 위대한 모범이 되었다.

「클레멘스 제1서」 5:5-7

여기서 클레멘스의 기록에 나오는 '서쪽 끝'을 근거로 바울은 제1차 연금에서 풀려난 뒤 히스파니아에 가서 복음을 전했다고 볼 수 있다.

무라토리 정경은 무엇을 말하는가?

바울의 히스파니아 선교 가능성에 대한 또 다른 근거는 기원후 170년경 로마에서 작성된 정경 목록이다. 그 정경 목록의 일부가 기록된 7~8세기의 사본이 1740년에 무라토리 추기경에 의해 발견되어 '무라토리 정경'이라 부른다. 이 자료에는 「사도행전」에 관해 다음과 같이 기록하고 있다.

그런 후에 「사도행전」이 한 권의 책으로 쓰였다. 누가는 데오빌로 각하에게 자신이 보는 앞에서 많은 일이 일어났다고 말하고 있다. 그런데 그는 바울이 로마를 떠나 히스파니아로 간 여정과 아울러 베드로의 수난을 생략하고 있다.

이 저자는 초기 크리스트교의 중요한 사건인 바울의 히스파니아 여행과 베드로의 수난을 누가가 생략했다고 보는 것이다. 그렇다고 해서 바울이 히스파니아 선교를 다녀왔다는 구체적 증거를 제시한 것도 아니다. 그 역시 「로마서」 15:24, 28에 나오는 내용을 근거로 추론한 것이다.

4세기 초에 역사가 유세비우스는 바울이 제1차 가택 연금 상태에서 벗어나 다시 선교 여행을 떠났고, 로마에 두 번째로 들어가서 옥중에 있다가 순교했다고 전한다. 그리고 두 번째 옥중 생활을 하면서 「디모데후서」를 썼다는 것이다.

- **크레타의 디도 기념 교회**

  바울은 디모데와 디도 등과 함께 히스파니아 선교를 다녀왔고, 소아시아를 가던 중 크레타에 들러 디도를 그곳에서 목회를 하도록 남겨두었다. 크레타에는 디도를 기념하는 교회가 세워져 있다.

바울의 마지막 편지가 된 세 통의 목회 서신(디모데전서, 디모데후서, 디도서)은 바울의 순교 직전 활동에 대한 추론을 좀 더 풍부하게 한다. 특히 "나의 죽을 날이 가까웠고 나의 생명은 하나님의 제단에 제물로 드려졌습니다"(「디모데후서」 4:6)라는 구절은 죽음을 앞둔 바울의 심정을 잘 드러내고 있다.

이러한 견해들과 바울이 마지막 날 여러 교회에 보낸 편지들을 종합해 바울의 마지막 선교 여정을 다음과 같이 재구성해볼 수 있다. 제1차 연금 상태에서 자유의 몸이 된 바울은 디모데와 디도 등과 함께 히스파니아 선교를 다녀왔고 소아시아를 향해 가던 중 크레타에 들러 디도를 그곳에서 목회하도록 남겨두었다 (「디도서」1:5). 이어 에페소스에 왔다가 디모데를 에페소스 교회에 남겨두어 교회를 돌보도록 명하고 마케도니아로 건너갔다(「디모데전서」1:3).

　마케도니아에서 바울은 기원후 63년경 두 젊은 목회자 디모데와 디도를 돕기 위해 「디모데전서」와 「디도서」를 썼다. 그리고 로마로 돌아왔다가, 또는 로마로 오기 전에 체포되어 로마로 압송되어 투옥되었을 가능성도 있다.

05

바울의 순교와 그의 유산

기원후 64년 로마 대화재 이후 크리스트교도에 대한 박해는 더욱 심해졌다. 바울은 제2차 투옥되었다가 기원후 64년 대화재 이후와 68년 네로의 몰락 이전 사이에 처형당한 것으로 추정된다. 투옥되었다가 처형된 장소는 당시 오스티아 항구로 나가던 길목이었다.

오늘날 로마시 남쪽 아우렐리아 성문 밖 5킬로미터 정도 떨어진 아쿠아이 살비아이에는 바울이 순교 전에 갇혀 있던 지하 감옥 유적이 있다. 그 유적은 14개의 계단 위에 세워졌다고 해서 '천국의 계단 교회'라 불리는 건물의 지하에 있다.

- **천국의 계단 교회**

  '천국의 계단 교회'로 불리는 건물 지하에는 바울이 순교하기 전에 갇혀 있던 지하 감옥 유적(아래)이 원형 그대로 남아 있다.

'천국의 계단 교회'라는 이름은 12세기의 성 베르나르도 클레르보가 바울이 갇혔던 교회 지하실에서 기도하다가 수많은 영혼들이 계단을 통해 하늘로 올라가는 환상을 보았다는 전승에서 유래한다. 이곳은 4세기 초 디오클레티아누스 황제 박해 때 1만여 명의 크리스트교도가 순교한 곳이기도 하다. 크리스트교도 병사들이 디오클레티아누스 황제 목욕장 건설에 동원된 뒤 처형당한 것으로 전해진다. 천국의 계단 교회 지하 좁은 지하 감옥에서 바울은 마지막 서신이 된 「디모데후서」를 썼다.

바울은 죽음이 임박한 것을 느꼈는지 디모데에게 로마로 속히 오라고 말한다. 제2차 투옥 중 바울은 추위와 외로움에 떨면서도 자신과 끝까지 함께한 제자에 대해 감사를 표했다.

너는 어서 속히 내게로 오라. 데마는 이 세상을 사랑하여 나를 버리고 데살로니가로 갔고, 그리스게는 갈라디아로, 디도는 달마디아로 갔고 누가만 나와 함께 있느니라. 네가 올 때 마가를 데리고 오라. 그가 나의 일에 유익하니라. 두기고는 에베소로 보내었노라. 네가 올 때에 내가 드로아 가보의 집에 둔 겉옷을 가지고 오고 또 책은 가죽 종이에 쓴 것을 가져오라.

「디모데후서」 4:9-13

아시아에 있는 모든 사람이 나를 버린 이 일을 네가 아나니 그중에는 부겔로와 하모게네도 있느니라. 원하건대 주께서 오네시보로의 집에 긍휼을 베푸시옵소서. 그가 나를 자주 격려해주고 내가 사슬에 매인 것을 부끄러워하지 아니하고 로마에 있을 때 나를 부지런히 찾아와 만났음이라.

「디모데후서」 1:15-17

「디모데후서」는 결국 바울의 유언장이 되고 말았다. 아마 디모데도, 마가도 다시는 사도 바울을 살아서 보지는 못한 것 같다. 그들이 도착하기 전에 바울은 이미 순교했다.

바울이 순교한 위치에 관해 우리에게 힌트를 주는 것은 기원 후 2세기 말 로마 교회의 장로 가이우스의 증언이다. 가이우스는 로마 교회의 창건자로 베드로와 바울을 언급하면서 그들의 기념비 위치에 관해 다음과 같이 말했다.

나는 사도들의 기념비를 손으로 가리킬 수 있다. 당신이 바티칸 언덕이나 오스티아 가도(비아 오스티아)를 간다면 거기에서 이 교회를 세운 사도의 기념비를 볼 수 있기 때문이다.

유세비우스, 『교회사』 2권 25장 5절

- **트레 폰타나 교회**

바울의 순교지에는 트레 폰타나 교회가 세워졌다. 이 교회 안에는 바울을 참수한 대리석 기둥 유적(오른쪽)이 지금도 남아 있다.

현재 바울의 순교지로 전해지는 트레 폰타나(세 분수) 교회 안에는 바울을 참수할 때 사용한 돌기둥 유적이 남아 있다. 바울의 순교를 기념해 세운 교회는 도끼에 잘려진 바울의 머리가 세 번 튀었고 그 각각의 장소에 샘물이 터져 나왔다 해서 '세 분수'를 의미하는 트레 폰타네 교회로 불렸다.

전승에 따르면 바울의 시신은 독실한 크리스트교도였던 귀족 부인 루키나가 기증한 땅에 매장되었다. 이곳은 바울의 순교지 트레 폰타네 교회에서 북쪽으로 4킬로미터 떨어진 지점에 있다. 324년에 콘스탄티누스 황제는 그의 시신이 묻혔던 자리에 교회를 세우게 했는데, 로마 성문에서 오스티아로 가는 길 3.2킬로미터 지점에 있기 때문에 성밖 성 바울 성당(바실리카 디 산 파울로 푸오리 레 무라)으로 불리고 있다. 4세기 말에 이 성당은 더 크게 증축되었고 1823년에 화재로 소실될 때까지 남아 있었다. 오늘날의 성 밖 성 바울 대성당은 1854년 교황 피우스 9세가 재건축하여 다시 봉헌한 것이다.

성령의 검을 든 바울과 천국의 열쇠를 든 베드로

「로마서」에서 바울은 로마를 처음 방문하기 전에 이미 로마에 크리스트교도가 많이 있었다는 사실을 말한다. 로마 교회는 베드로와 함께 바울을 로마 교회의 공동 창건자로 본다. 클레멘스는 베드로와 바울의 모범을 본받으라고 호소한다. 따라서 기원후 1세기부터 베드로와 바울이 로마 교회의 창건자이고 교회 주교직은 이들로부터 이어져 내려온 것으로 받아들였다.

그러나 시간이 지나면서 한 시기에는 한 명의 주교만 있어야 한다는 것이 관례가 되면서 베드로와 바울 중 앞에 있는 베드로만 남게 되었다. 이러한 관례를 정착시킨 것은 카르타고의 주교

키프리아누스였다. 이후 로마 교회의 역사는 베드로를 중심으로 이어지고 바울의 공헌은 점점 잊혀갔다.

그래도 현재 성령의 검을 든 바울은 천국의 열쇠를 든 베드로와 나란히 성 베드로 대성당의 안뜰에 서 있다. 또한 베드로는 성 밖 성 바울 대성당 앞에 바울과 얼굴을 마주 보고 있다. 땅에서는 그들을 기념하는 서로 다른 대성당이 세워져 있지만 각각 갈릴리 어부 출신과 킬리키아 타르소스 출신인 두 사도는 아마도 천국에서 예수 그리스도의 제자로서 자신의 사명을 잘 감당하고 서로 영적 교감을 나누고 있을 것이다.

바울이 갇혀 있던
카이사리아는 어떤 도시인가?

예루살렘에서 북서쪽으로 85킬로미터 떨어진 곳에 카이사리아
가 있다. 이곳은 서쪽으로 넓게 펼쳐진 지중해로 나아갈 수 있는
지리적 위치 때문에 고대부터 항구가 발달하였고, 기원전 63년
폼페이우스 장군에게 정복되면서 로마의 지배하에 들어갔다.

이 일대가 카이사리아라는 이름을 가지게 된 것은 헤롯 대왕
때의 일이다. 이두메(에돔) 출신이었지만 로마 황제 아우구스투스
의 눈에 들어 이 일대의 통치를 위임받은 헤롯은 로마와 중동 지
역을 잇는 무역권을 장악하고자 이곳에 로마식 도시와 항구를
건설했다. 헤롯은 로마 황제 카이사르 아우구스투스를 기념해
도시 이름을 카이사리아로, 항구 이름은 아우구스투스의 헬라어
명칭인 '세바스토스'로 불렀다.

기원전 13년경부터 카이사리아에는 유대를 통치하는 로마 총

- **카이사리아 원형 극장과 본디오 빌라도 비문 원본**

카이사리아에서 원형 극장을 발굴하는 도중 본디오 빌라도의 이름이 새겨진 석비가 발견되어 화제를
불러일으켰다. 본디오 빌라도 비문는 현재 예루살렘박물관에 소장되어 있다.

독의 관저가 있었으며, 빌라도 총독도 이곳에 머물다가 예루살렘에 와서 예수 재판을 주재하고 십자가형을 선고했다.

카이사리아는 지중해로 나가는 항구 도시이기 때문에 예수 복음이 예루살렘을 넘어 전파되기 시작했을 때 1차적으로 베드로나 빌립의 주요 선교 대상지가 되었다. 그러나 카이사리아는 사도 바울과 관련해 더 많이 언급되었다. 크리스트교도를 잡으러 다마스쿠스로 가다가 예수의 음성을 듣고 회심한 바울은 예루살렘에서 유대인들로부터 살해 위협을 당하자 카이사리아를 통해 그의 고향 타르소스로 보내졌으며, 제2차, 제3차 선교 여행을 마치고 예루살렘으로 돌아올 때도 카이사리아를 이용했다.

그러나 예루살렘에 올라간 바울은 성전을 더럽혔다는 혐의로 유대인에 의해 성전 밖으로 끌려나와 폭행당했고 로마 시민이라는 신분 때문에 다행히 로마 군대의 호위를 받으며 카이사리아로 호송되었다. 바울은 2년간 카이사리아의 감옥에 갇혀 있었는데, 그 기간에 벨릭스 총독과 그 후임자 베스도 총독, 그리고 아그립바 왕에게 자신을 변호하면서 복음을 전하는 기회로 삼았다. 그는 로마 황제에게 상소함으로써 배를 타고 로마로 압송되었다. 바울은 두 해 동안 로마 감옥에서 가택 연금 상태에 있었는데, 이때도 자신을 방문한 사람들에게 복음을 전했다.

19세기부터 이 일대에 발굴이 시작되었고 로마 시대 원형 극장과 도시 성벽이 복원되었다. 예수를 재판한 로마 총독 본디오 빌라도의 이름이 새겨진 석비가 원형 극장 발굴 도중 발견되어 화제를 불러일으키기도 했다. 카이사리아는 헤롯이 아우구스투스 황제에게 잘 보이기 위해 건설한 '황제의 도시'였지만, 지중해 세계로 복음을 퍼뜨리는 '복음의 수출항'으로도 활용되었다.

예수의 가르침을 목숨 바쳐 전파한 두 남자, 베드로와 바울

베드로와 바울 두 사람은 모두 유대인이고 예수 그리스도의 복음을 지중해 세계로 전하는 데 기여한 예수의 제자들이다. 그러나 출신 배경이나 활동에는 큰 차이가 있다.

베드로가 갈릴리 호숫가의 평범한 어부 출신이었다면, 킬리키아 타르소스 출신 로마 시민권자인 바울은 예루살렘에 '유학'하여 당시 최고의 학자인 가말리엘의 제자가 되었다. 베드로는 예수의 공생애 초기에 부름을 받고 3년 동안 예수와 동고동락한, 자타가 공인하는 예수의 '수제자'였다. 베드로는 예수가 빌라도에게 끌려가 고난을 받을 때 세 번이나 예수를 모른다고 부인한 적도 있었다. 하지만 오순절 성령 강림 후 그는 예루살렘 교회의 지도자로서 로마에서 순교할 때까지 예수의 가르침을 전하는 데 온 몸을 바쳤다.

• 성 베드로 대성당(위)과 성 밖 성 바울 대성당
　베드로와 바울의 순교를 기념해 각각 성 베드로 대성당과 성 밖 성 바울 대성당이 건축되었다. 두 대성
당 모두 각 사도의 무덤 위에 지어졌다는 공통점이 있다.

바울은 예수를 직접 따라다닌 제자는 아니었다. 심지어 처음에는 예수 믿는 사람들을 박해하는 데 앞장서기까지 한 열성파 유대인이었다. 특히 스데반이 군중의 돌에 맞아 죽을 때 그의 죽음을 마땅히 여겼다. 그러나 다마스코스로 예수 믿는 사람을 잡으러 가다가 예수의 음성을 듣고 극적으로 회심하여 예수의 제자가 되었다. 이후 여러 차례 죽을 고비를 넘기며 지중해 세계 곳곳을 여행하면서 선교하다가 로마에서 순교했다.

두 사람은 인생 후반기에 예수 복음을 전하다가 제국의 수도인 로마에서 순교했다는 공통점이 있다. 전승에 따르면, 베드로는 티베리스강 서쪽 바티칸 언덕에서 십자가에 거꾸로 매달려서 순교했고, 바울은 로마 성 밖 남쪽 오스티아 가도에 세워진 세 번째 이정표 근처 아쿠아이 살비에(지금의 트레 폰타네)에서 목이 잘려 순교했다.

베드로의 무덤 위에 그를 기념하는 성 베드로 대성당이 지어졌고 오늘날 바티칸의 중심부가 되었다. 바울의 무덤도 성 밖 성 바울 대성당으로 기념되고 있다. 유대인의 사도와 이방인의 사도로 역할을 분담한 두 제자에 힘입어 예수는 오늘날까지 세계 모든 신앙인의 메시아로 명성을 이어가고 있다. 예수의 영원한 제자 베드로와 바울은 선교와 순교를 통해 지중해 세계를 '정복'한 것이다. 군대에 의한 '로마의 평화'는 예수 그리스도에 의한 '인류의 참된 평안'으로 이어졌다.

영원한 제자이자 영원한 스승

바울은 자신을 소개할 때, '히브리인 중의 히브리인' '율법으로는 바리새인이요'라는 말에서 드러나듯 자신의 민족적 정체성을 강조했다. 그는 메시아는 유대인만의 메시아라는 유대교 정통 사상을 철저히 신봉했다. 자기가 믿는 것을 지키기 위해 행동하는 지식인이기도 했다. 예수를 메시아로 믿는 무리를 그대로 내버려둘 수는 없었다. 너무 열성적이어서 '열심으로는 교회를 박해하는 자'였고 스데반의 순교를 마땅하게 여겼다. 또한 예루살렘에서 곳곳을 찾아다니며 예수 믿는 사람들을 붙잡아 감옥에 잡아넣는 것을 큰 사명으로 여겼다. 대제사장에게 공문을 받아 북쪽으로 260여 킬로미터나 떨어진 도시 다마스코스로 가서 예수 믿는 사람들을 잡아오려고 했다.

그러나 다마스코스로 가는 길 위에서 예수를 메시아로 믿는 크리스트교도가 되었다. 뿐만 아니라 사도로서 예수 복음을 전하는 일에 일생을 바쳤다. '이방인의 선교자'를 자처했지만, 여전히 자기 민족에 대한 사랑이 커서 소아시아나 유럽 선교 여행 중에는 먼저 유대인 회당을 찾아가 복음을 전하는 것으로 선교 활동을 시작했다. 자신이 반대하던 복음을 위해 로마에서 순교하기까지 30여 년을 선교에 바쳤다. 그 점에서 바울은 예수에 반대하던 유대인들에게는 철천지원수였다.

바울은 다마스코스를 시작으로 마지막 로마에 이르기까지 가는 곳마다 유대인 열성분자의 반대에 직면했고 여러 차례 죽을 고비를 넘겼다. 사실 스데반이 순교할 때 자신이 그러했기에 반대하는 유대인들을 누구보다 잘 이해했을 것이다. 그리고 자신이 180도 바뀌었듯이 그들도 생각이 바뀌어 예수를 메시아로 믿고 구원받기를 원했다. 자신이 한때 그랬던 것처럼 그들이 진리를 모르기 때문에 그렇게 행동한다는 사실을 잘 알고 있었다.

내가 전에는 비방자요 박해자요 폭행자였으나 도리어 긍휼을 입은 것은 내가 믿지 아니할 때에 알지 못하고 행하였음이라.

「디모데전서」 1:13

자신이 예수 복음에 반대하고 말살하려 했던 장본인이었음에도 하나님의 은혜로 구원을 받았기 때문에, 더욱이 사도의 직분을 맡겼기 때문에, 바울은 죽음을 두려워하지 않고 은혜에 감사하면서 땅끝까지 그리스도의 증인으로 살았다.

바울이 크리스트교 역사에 끼친 영향

바울은 크리스트교도나 교회가 무엇을 해야 하는지 잘 알고 있었다. 예수의 증인이 되어야 하고 영혼 구원을 위해 선교를 해야 했다. 그것이 인류 역사가 나아갈 방향이자 목표라 믿었다.

바울은 믿었을 뿐만 아니라 실천하는 삶을 살았다. 그래서 이후 크리스트교도의 롤모델이 되었다. 유대교에서 갈라져 나온 크리스트교는 유대인의 선민사상, 메시아를 유대인만의 메시아로 보는 유대인의 메시아관을 극복하는 것이 제일 큰 과제였다. 복음이 예루살렘 교회를 시작으로 온 유대와 사마리아와 땅끝까지 전파되기 시작했을 때, 가장 먼저 반대한 세력은 예수가 메시아임을 인정하지 않는 유대인이었다.

최초의 교회인 예루살렘 교회에서도 유대교의 영향력은 강력했고 할례파 유대인의 저항도 만만치 않았다. 그들은 헬라인이나 로마인 등 이방인 크리스트교도에게 율법과 할례를 강요함으로써, 예수의 십자가 희생을 근거로 예수를 메시아로 믿으면 구원을 얻는다는 바울의 구원론을 수용하지 않았다.

복음이 아시아에서 유럽 땅 마케도니아로 전파되는 과정에서 유대인뿐만 아니라 로마인, 헬라인 등 다신주의 세력의 반대도 강력했다. 이러한 어려움 속에서 바울과 그 일행은 이방인 또는 유대인 가운데서 복음을 받아들인 크리스트교도의 집(가정교회)에 모여 말씀을 가르치고 예배를 올리곤 했다. 예루살렘 교회나 현지의 유대교 회당이 아닌 여러 가정교회에서 예수 복음이 점차 퍼져나갔다.

교회 내부의 교리 분쟁이나 논란거리가 생기면 바울이 직접 방문하거나 편지를 보내 올바른 행동 지침을 제시했다. 당시 교회 신자들에게 보낸 열네 편의 편지는 복음서나 예언서와 함께 『신약성경』의 큰 비중을 차지했고, 오늘날까지 크리스트교도의 생각과 행동을 바로잡아주는 기준이 되었다. 그런 점에서 **바울은 예수의 가르침을 충실히 실천한, '예수의 영원한 제자'일 뿐만 아니라 이후 크리스트교도의 '영원한 스승'**이 되었다.

참고문헌

1. 국내서적

『성경전서』, 개역개정판, 대한성서공회, 2007.

『성경』, 가톨릭주교회의, 2005.

고영길, 『바울행전』, 홍성사, 2011.

김덕수, 『로마와 그리스도교』, 홍성사, 2017.

이종철, 『바울의 거침없이 담대하게』, 올리브북스, 2014.

정기문, 『그리스도교의 탄생』, 도서출판 길, 2016.

2. 번역서적

던, 제임스 지음, 최현만 옮김, 『바울에 관한 새 관점』, 에클레시아북스, 2012.

맥아더, 존 지음, 조계광 옮김, 『바울복음』, 생명의말씀사, 2017.

보른캄, 귄터 지음, 허혁 옮김, 『바울』, 이화여자대학교출판부, 2006.

브루스, F. F. 지음 박문재 옮김, 『바울』, 크리스천다이제스트, 1992.

수에토니우스 지음, 조윤정 옮김, 『열두 명의 카이사르』, 다른세상, 2009.

스윈돌, 찰스 지음, 윤종석 옮김, 『사도행전』, 디모데, 2017.

타키투스 지음, 박광순 옮김, 『타키투스의 연대기』, 범우, 2005.

하이켈하임, 프리츠 M. 지음, 김덕수 옮김, 『하이켈하임 로마사』, 1999.

3. 각종 논문

이선호, 「클레멘스의 제1서신에 나타난 바울과의 관계성과 신학의 특성에 대

한 비판적 연구」, 『교회사학』, 14(1), 2015.

이승호, 「"안디옥 사건"과 바울의 선교」, 『신약논단』, 20(1), 2013.

이승호, 「클라우디우스와 바울」, 『신약논단』, 16(4), 2009.

이승호, 「클라우디우스 황제의 유대인 로마 추방령」, 『신학과 목회』, 33, 2010.

이연수, 「사도행전과 바오로 서간에 나타난 가정교회 연구: 여성의 역할을 중

심으로」, 가톨릭대학교대학원 문학박사 학위논문, 2011.

연표

시기	내용
기원후 5?	바울이 킬라키아 타르소스에서 태어함.
34	스데반이 순교함.
35	바울이 다마스코스로 가다가 예수의 음성 듣고 회심함. 3년 간 아라비아에 머무름.
38	바울, 회심 후 제1차 예루살렘 방문함. 7년간 타르소스에 체류함.
44	야고보 순교함, 베드로 체포 구금됨. 헤롯 아그리파 1세가 죽음.
45	예루살렘 교회, 바나바를 안티오키아로 보냄. 바나바, 타르소스에 가서 바울을 데려옴. 안티오키아 교회, 바나바와 바울을 예루살렘 교회 파견해 모금 전달함(제2차 예루살렘 방문). 바나바와 바울, 마가와 함께 안티오키아로 돌아옴.
46~48	제1차 선교 여행에 바나바, 바울, 마가, 디도가 동행함.
49	예루살렘 총회, 바울 제3차 예루살렘 방문함. 바울이 안티오키아에서 「갈라디아서」를 씀.
50~52	제2차 선교 여행을 떠남.
51	필리피 교회 개척함, 코린트에서 「데살로니가전서」를 씀.
52	바울이 카이사리아와 예루살렘에 머무름.
52~53	겨울에 안티오키아에서 머무름.
53~57	제3차 선교 여행을 떠남.
53~55	에페소스 회당과 티라노스 서원에서 선교함.
56	여름에 마케도니아에서 「고린도후서」를 씀.
56~57	겨울 세 달 동안 코린트에 머무름.

시기	내용
57	코린트에서 「로마서」를 씀.
60~62	로마에서 제1차 투옥됨.
61	옥중서신(「골로새서」 「에베소서」 「빌립보서」 「빌레몬서」)을 씀.
62~63	히스파니아 선교? 크레타, 밀레토스, 콜로세, 에페소스, 페르가뭄 등을 돌아봄
63	크레타 선교 후 디도를 두고 에페소스로 감. 디모데를 에페소스에 두고 떠남.
63~64	필리피에서 2년 지내며 「디모데전서」 「디도서」를 씀.
63	누가, 「사도행전」을 씀.
64~67	로마에 제2차 투옥됨.
66	바울, 「디모데후서」를 씀.
67~68?	바울 순교.

생각하는 힘－세계사컬렉션 11

바울
크리스트교를 세계화하다

펴낸날	초판 1쇄　2018년　9월　7일
	초판 2쇄　2018년　10월　8일

지은이	**김덕수**
펴낸이	**심만수**
펴낸곳	**(주)살림출판사**
출판등록	**1989년 11월 1일 제9-210호**

주소	**경기도 파주시 광인사길 30**
전화	**031-955-1350**　팩스　**031-624-1356**
홈페이지	**http://www.sallimbooks.com**
이메일	**book@sallimbooks.com**

ISBN	**978-89-522-3855-9　04900**
	978-89-522-3910-5　04900(세트)

이 도서의 국립중앙도서관 출판예정도서목록(CIP)은 서지정보유통지원시스템 홈페이지
(http://seoji.nl.go.kr)와 국가자료종합목록시스템(http://www.nl.go.kr/kolisnet)에서
이용하실 수 있습니다.(CIP제어번호: CIP2018027912)

책임편집·교정교열 **박일귀**　지도 일러스트 **김태욱**